风景这边独好

——2024江西省十大旅游口号

朱虹　主编

江西省文化和旅游研究推广协会　编

百花洲文艺出版社
BAIHUAZHOU LITERATURE AND ART PRESS

图书在版编目（CIP）数据

风景这边独好：2024江西省十大旅游口号 / 朱虹主编. -- 南昌：百花洲文艺出版社，2024.9. -- ISBN 978-7-5500-3655-0

Ⅰ. F592.756

中国国家版本馆CIP数据核字第2024U3M811号

风景这边独好：2024江西省十大旅游口号

朱　虹　主编

江西省文化和旅游研究推广协会　编

出 版 人	陈　波
责任编辑	陈　愉　杨　洁
特约编辑	范琦婕
书籍设计	方　方
制　　作	周璐敏
出版发行	百花洲文艺出版社
社　　址	南昌市红谷滩区世贸路898号博能中心一期A座20楼
邮　　编	330038
经　　销	全国新华书店
印　　刷	浙江海虹彩色印务有限公司
开　　本	720 mm×1000 mm 1/16　印张 11.25
版　　次	2024年9月第1版
印　　次	2024年9月第1次印刷
字　　数	73千字
书　　号	ISBN 978-7-5500-3655-0
定　　价	69.80元

赣版权登字 05-2024-168

邮购联系 0791-86895108

网　　址 http://www.bhzwy.com

图书若有印装错误、影响阅读，可与承印厂联系调换

编委会名单

编委会主任　　朱　虹

编委会副主任　宋雷鸣　黄万林

编委会成员　　李旺根　万建明　李滇敏　罗翠兰

序

朱　虹

江西省委原常委、副省长
江西省文化和旅游研究推广协会会长

在 1934 年的江西会昌，毛泽东同志挥毫泼墨，留下了那句传颂千古的佳句——"踏遍青山人未老，风景这边独好"。这不仅仅是一句诗，更承载了江西深厚的历史底蕴与独特的文化魅力，为江西的旅游宣传注入了灵魂与活力。毛泽东虽然没有说"江西风景独好"，但这句话是在江西说的，说的是对江西的评价，所以"江西风景独好"顺理成章，江西人对这句口号有优先使用权。

2011 年 1 月 1 日，"江西风景独好"作为江西旅游形象宣传口号，亮相央视荧屏，以其独特的文化内涵和时代价值，获得"影响世界的中国文化旅游口号"的殊荣。自此，这句口号不仅成为江西文旅的标志性符号，还超越了地域的界限，让更多的人开始了解、关注这片神奇的土地。

近年来，江西省更是将"江西风景独好"这一口号提升为全省全方位的形象定位，不仅仅局限于旅游宣传，更让其成为江西的一张闪亮名片，代表了江西的历史、文化和精神风貌。

如今，"江西风景独好"这一口号已经深深地烙印在人们的心中，成为江西的时代印记，融入了江西的文化血脉，让世界感受到江西的独特魅力和无穷潜力。

今年"五一"假期，全省累计接待入赣游客596.22万人次，在接待外省游客占比中排名全国第七、中部第一。值得一提的是，18至35岁的中青年游客成为此次假期的主流人群，占比74.20%，这说明越来越多的年轻人对于领略江西的壮丽山河、领悟其文化魅力有着强烈的渴望与追求。

一句好的宣传口号，背后所蕴含的是深厚的情感与文化底蕴。它不是文字的简单堆砌，而是情感与文化的交融，能够唤起人们对江西这片红色土地深厚的情感与向往。它像一把钥匙，打开了人们心中的期待与热情，让更多的人开始关注江西、了解江西、走进江西、爱上江西，在全国乃至全球范围内，凝聚江西旅游特色，展现江西旅游优势，塑造江西旅游品牌，提升江西旅游形象。

为了进一步挖掘和展现江西的文化魅力，进一步推动各市、县和景区景点创新旅游宣传，江西省文化和旅游研究推广协会联合江西日报社，共同举办了"江西风景独好·国宝李渡杯"2024江西省十大旅游口号征集活动。评选以特色鲜明、底蕴厚重、言简意赅、朗朗上口、便于记忆为标准，活动启动后，引发了社会的热烈反响，互动话题热度高涨，内容丰富多彩，参与群体广泛，共收到1000多篇征稿征文。人们纷纷拿起笔，以饱满的创作激情，发现江西、赞美江西、宣介江西，抒发自己心底对江西的热爱，极大地激发了人民群众对江西文旅事业的关注、讨论和参与，促进了对全省各地文旅内涵的再认识、再挖掘、再丰富、再提升、再创作。

下一步，我们将不断优化评选机制，持续举办口号征选活动，将优秀的作品汇编成册、出版发行，加大宣传力度，扩大影响范围，助推江西文旅事业的高质量发展。

活动概述

▶

　　"江西风景独好·国宝李渡杯" 2024 江西省十大旅游口号评选活动是由江西省文化和旅游研究推广协会联合江西日报社共同主办的一次文化旅游宣传活动。此次活动的目的是进一步推广江西的文旅资源，提升各地文旅品牌的辨识度和知名度，推动各市、县和景区景点创新旅游宣传。

　　活动自 2023 年 12 月 20 日启动，历时 4 个月的征稿，共面向全社会征集口号 1000 余条。内容丰富多彩，参与群体广泛，社会反响热烈，影响覆盖全国。

　　本次活动初评阶段组织了 3 组专家进行 3 次评审，各入围 50 条作品，并确保作品符合"特色鲜明、底蕴厚重、言简意赅、朗朗上口、便于记忆"的评选要求。决选阶段从初评入围作品中最终选出 20 条获奖作品。评审专家根据 2024 江西省十大旅游口号的创作特点撰写了颁奖词，并评选出了另外十大旅游口号作为提名奖。

　　评选颁奖典礼于 2024 年 5 月 17 日在江西科技师范大学举行，获奖者在颁奖典礼上受到了表彰和奖励。江西科技师范大学党委书记裴鸿卫和江西报业传媒集团有限责任公司副总经理智峰于现场致辞，于都县人民政府党组成员、中央红军长征集结出发历史博物馆馆长谢芸华作为获奖代表进行了发言。颁奖活动受到 200 余家媒体的争相报道。

　　本次活动评选出的获奖作品，不仅凝聚了创作者们的智慧和心血，也体现了江西旅游资源的独特魅力和文化内涵。这些口号的诞生，将进一步推动江西旅游业的发展，提升江西旅游品牌的知名度和美誉度。

目　录

▶ 2024 江西省十大旅游口号提名奖

长征起点
初心之源

创意说明 ▶

于都是中央红军长征集结出发地、长征精神的发祥地、中央苏区全红县和苏区精神的形成地之一。1934 年，第五次反"围剿"失败，中央红军被迫转移，突围转移的地点最终选在了于都。1934 年 10 月 17 日至 20 日，中共中央、中革军委率中央红军主力 8.6 万余人在于都河北岸 8 个主要渡口渡过于都河，踏上二万五千里长征，于都作为"地球上的红飘带"的起点被载入史册。2019 年 5 月 20 日，习近平总书记带着深情大爱来到于都视察，并在这里发出了"新长征，再出发"的时代宣言，赋予了于都新的历史地位和使命。

昨天的于都河，留下了一首难忘的歌。队伍从这里出征，走过千山万水，走出黑暗，走向光明，走向陕北延河，一直走向光辉灿烂的新中国。今天的于都河，新时代的领路人大声说：现在是新长征，我们要重新再出发！这里是初心的源头，这里有光荣与梦想的重托。我们要不忘来时路，勇毅向前行，建设一个更加繁荣昌盛的共和国。

于都
YUDU

情况介绍

❷

于都地处江西南部、赣州东部，因北有雩山，取名雩都，1957 年更名为于都。于都境内拥有国家 4A 级旅游景区 2 个、江西省 4A 级乡村旅游点 3 个和全国乡村旅游重点村 1 个，是江西省首批"风景独好"旅游名县、江西省全域旅游示范区。

于都是千年人文之乡，于汉高祖六年（公元前 201 年）置县，迄今已有 2000 余年的历史，是江西最早建县的 18 个县之一和赣南最早建县的 3 个县（于都、南康、赣县）之一，周敦颐、岳飞、朱熹、文天祥、王阳明先后在此留下墨宝。于都因"三锤三匠"（三锤：打铁锤、补缸补锅锤、弹棉锤；三匠：木匠、泥匠、篾匠）而获得"民间手艺之乡"美誉，是全国著名的"唢呐艺术之乡""民间文化艺术之乡"和"全国文化先进县"，有于都唢呐公婆吹、于都古文等 2 项国家级非物质文化遗产，7 项省级和 13 项市级非物质文化遗产。

于都是万里长征起点，是中央苏区时期中共赣南省委、赣南省

长征起点　初心之源

❹

苏维埃政府所在地，是中央红军长征集结出发地、中央苏区最后一块根据地、南方三年游击战争起源地、长征精神发祥地、中央苏区全红县之一和苏区精神的形成地之一，有着最鲜明的红色气质。1934 年 10 月，中共中央、中革军委和中央红军主力 8.6 万余人集结于都，于 10 月 17 日至 20 日，先后从于都的 8 个主要渡口渡过于都河，开始举世闻名的二万五千里长征，于都作为"地球上的红飘带"的起点被载入史册并闻名世界。于都为革命牺牲的有姓名可考的烈士有 1.6 万余人，其中牺牲在长征路上的烈士有 1.1 万余人；从于都共走出了 16 位共和国将军。

❶ 中央红军长征出发地纪念园开展爱国主义教育研学活动

❷ 唢呐表演

❸ 中央红军长征出发纪念馆

❹ 东门渡口

❺ 于都全貌

2019 年 5 月 20 日，习近平总书记亲临于都视察，面对于都河畔巍峨矗立的中央红军长征出发纪念碑，习近平总书记向全党全国发出了"新长征，再出发"的伟大号召，从此，于都与新时代的新长征紧紧联系在了一起。

红色资源丰富、红色文化底蕴深厚，这是革命历史为于都留下的宝贵财富，也为于都的红色旅游发展赋能。以红色资源为基石，于都正做大做强红色旅游。位于于都河畔的中央红军长征出发地纪念园是国家 4A 级旅游景区和于都最具标志性的红色景区之一。中央红军长征出发纪念碑巍然耸立在这里，仿佛述说着近 90 年前从于都河畔集结出发的那场伟大远征。宽广的于都河，碧水荡漾，静静流淌，构成了一幅绮丽图景。徜徉此间，人们能看到万千景象，能悟出长征精神，能增添奋进力量。

5

浮梁买茶去
古城寻梦来

创意说明 ▶

浮梁古城建于唐元和十二年（公元 817 年），历经唐、宋、元、明、清诸朝，是历代浮梁县治之所在。浮梁古城历史悠久，文化气息浓厚，那句中国人耳熟能详的唐代诗人白居易的诗句"商人重利轻别离，前月浮梁买茶去"，尤其体现了浮梁古城瓷茶文化的源远流长。"浮梁买茶去，古城寻梦来"这句口号特别短小精悍，言简意赅，通俗易懂。其中前半句的灵感来源于白居易的长篇叙事诗《琵琶行》，通过借用名人名句，打造古城文化招牌，加深游客对于古城的历史地位和深厚文化底蕴的理解，拉近与游客之间的距离；与此同时，"买茶去"突出了古城悠久的茶文化。口号把"浮梁古城"这一名字拆开，后半句突出了千年浮梁古城是怀古探幽之地，让游客憧憬和向往。

大唐盛世，浮梁茶香。香飘万里，斩获金奖。故有白居易"商人重利轻别离"之感慨词章。高岭山上，柚果飘香。昌江河里，舵满帆张。瓷输茶运，宫廷列藏。海上丝绸之路，由此开辟诞生。古城今犹在，客官寻梦来。这里就是你的"诗和远方"。

浮梁 FULIANG

情况介绍

❷

浮梁位于江西省东北部，地处赣、皖两省交界处，隶属景德镇市。

浮梁历史悠久，于唐武德四年（公元621年）置县，始称新平县，武德八年（公元625年）新平县撤销。唐开元四年（公元716年）重设新昌县，县治改设新昌江口。但由于水患，县治迁至旧城。唐天宝元年（公元742年），"因溪水时泛，民多伐木为梁"，故更名为浮梁县，从此，"浮梁"之名一直沿用至今。

浮梁生态优良，境内平原、山地、丘陵交错，水网密布，素有"八山半水一分田，半分道路和庄园"之称；森林覆盖率高达81.4%，拥有数百种野生动物和上千种野生植物。全县水质长年保持在二类水以上标准，空气质量全年基本保持在优良等级。近年，浮梁被纳入国家重点生态功能区，获评国家生态县、国家生态文明建设示范县、全国休闲农业与乡村旅游示范县、江西省生态文明先行示范县以及省级森林城市等。

风景这边独好 —— 2024 江西省十大旅游口号

浮梁买茶去　古城寻梦来

④

浮梁"水土宜陶"，陶瓷烧造历史源远流长，瓷业在中国乃至世界制瓷发展史上都占有重要位置。浮梁境内的高岭村是古代景德镇制瓷原料的产地，18 世纪初，"高岭"之名远扬海外，成为国际黏土矿物学通用术语——"高岭土"的命名来源，高岭也一度成为国内外陶瓷爱好者的朝圣之地。应该说是浮梁孕育了瓷都，是高岭把瓷都推向了世界。

浮梁自古以瓷茶文化闻名于世，被誉为"世界瓷都之源，中国名茶之乡"。浮梁功夫红茶于 1915 年荣获"美国巴拿马万国博览会"金奖。2016 年以来，浮梁先后荣获"全国十大魅力茶乡""千年茶乡"等称号。

❶ 浮梁茶香

❷ 瑶里古镇

❸ 浮梁茶山

❹ 皇窑

❺ 高岭村

瑶里风景名胜区

瑶里风景名胜区位于浮梁东北端，古名"窑里"，因景德镇是陶瓷发祥地而得名，远在唐代中叶，这里就有生产陶瓷的手工作坊。它地处黄山、庐山、西递和宏村的中心，素有"瓷之源，茶之乡，林之海"的美称。

浮梁旅游资源丰富，拥有瑶里风景名胜区、古县衙景区、皇窑景区等国家 4A 级旅游景区 3 个，双龙湾、严台、礼芳、天宝龙窑等国家 3A 级旅游景区 4 个，还有沧溪、进坑、向阳公社等 10 余个乡村旅游点。此外，浮梁还有中国历史文化名镇 1 个，中国历史文化名村 4 个，中国传统村落 18 个，省级历史文化名村 7 个。近年来，浮梁多次被评为全省旅游工作先进县，瑶里古镇入选"江西十大避暑旅游目的地"。

❺

风景这边独好 —— 2024 江西省十大旅游口号

千年豫章郡
天下英雄城

创意说明 ▶

　　"豫章"二字既是南昌在古代的行政区划名，又蕴含了丰富的文化内涵和象征意义。它既是历史的见证，也是文化的传承，充分体现了中华文化的博大精深。因此，有着悠久历史的南昌是真正的千年豫章郡。

　　"英雄城"这一称号是南昌有别于中国其他城市的特殊名片，南昌获得此称号是实至名归的。南昌之所以被誉为"英雄城"，是因为这座城市在中国革命历史中的卓越贡献和重要地位。南昌是人民军队的诞生地，1927 年的八一起义在此爆发，标志着中国共产党独立领导武装斗争和创建人民军队的开始。这次起义的英雄事迹，彰显了南昌人民的英勇无畏和坚定信念。此后，南昌一直承载着革命历史的厚重记忆，成为中国人民心中的英雄之城。

从公元前 202 年说起，

南昌有多少历史的传奇；

从公元 1927 年说起，

南昌从此拥有"英雄城"这个名字。

浓缩千年的风风雨雨，

光耀天下的伟大精神。

这是最动人的邀请，向南昌出发；

这是最气派的呼唤，让我们在南昌

集结。

南昌 NANCHANG

情况介绍

②

南昌是江西省省会，位于江西省中部偏北，赣江下游，濒临中国第一大淡水湖鄱阳湖，自古以来就被誉为"襟三江而带五湖，控蛮荆而引瓯越"之地，是中国唯一一个毗邻长江三角洲、珠江三角洲和闽南金三角的省会中心城市。

南昌历史悠久，人杰地灵，是一座有着2000余年历史的江南古城。公元前202年，西汉大将灌婴在此筑城，始称灌婴城。

历史上的南昌曾多次易名，别名诸多，汉称豫章，唐称洪州，宋称隆兴，明代定名为南昌，寓"南方昌盛""昌大南疆"之意。南昌是历代县治、郡府、州治所在地，也是江西的政治、经济、科技、教育、文化中心，人文荟萃之地，"物华天宝，人杰地灵"的美誉流传古今。南昌还是一座"英雄城"，八一起义在这里打响了武装反抗国民党反动派的第一枪，因此南昌被誉为"军旗升起的地方"。南昌八一起义纪念馆、南昌新四军军部旧址陈列馆、江西革命烈士纪念堂等红色遗址随处可

千年豫章郡　天下英雄城

❹

见，国之重器 055 型导弹驱逐舰首舰被命名为"南昌舰"。

南昌文化厚重，名人辈出，孕育了中国音乐鼻祖伶伦，汉代南州高士徐孺子，净明道派创始人、晋代治水家许逊，明末清初写意画大师八大山人（朱耷）等历史名家，王阳明、朱熹等历代大家也在南昌留下了传诵千古的佳话轶事和不朽诗文。南昌文化遗存众多，拥有 600 余处文化遗址。唐代著名诗人王勃曾在"江南三大名楼"之一的滕王阁写下"落霞与孤鹜齐飞，秋水共长天一色"的千古佳句；西山万寿宫为道教净明忠孝道的发祥地；绳金塔屹立 1100 余年不倒，是南昌的"镇城之宝"；汉代海昏侯国遗址是我国目前发现

❶ 八一广场

❷ 绳金塔

❸ 滕王阁

❹ 南昌汉代海昏侯国遗址博物馆

❺ 梅岭洪崖丹井

的面积最大、保存最好、内涵最丰富的汉代候国聚落遗址，其考古发现震惊世界。

南昌生态优美，自然资源丰富。自古以来，南昌就是一座水城，城市因水而发，缘水而兴，拥有"一江十河串百湖"的发达水系网络。南昌曾在 2015 年获评"国家森林城市"，全市森林覆盖率达 35.04%，位于南昌西部的梅岭素有"小庐山"之称，其森林覆盖率为 73.27%，是国家级森林公园。大面积的绿化使得南昌拥有清新的空气和优美宜居的环境，这不仅造福了南昌市民，也吸引了众多野生动物。目前在南昌安家的鸟类有 420 余种，以湿地鸟类为主，且国家重点保护或珍稀濒危鸟类数量人。被誉为"城市候鸟之都"的天香园是世界上最大的城市候鸟景区，成千上万的候鸟在此云集，形成了一大奇观，吸引了无数游客驻足观赏，也给南昌这座城市增添了无穷的魅力。

❺

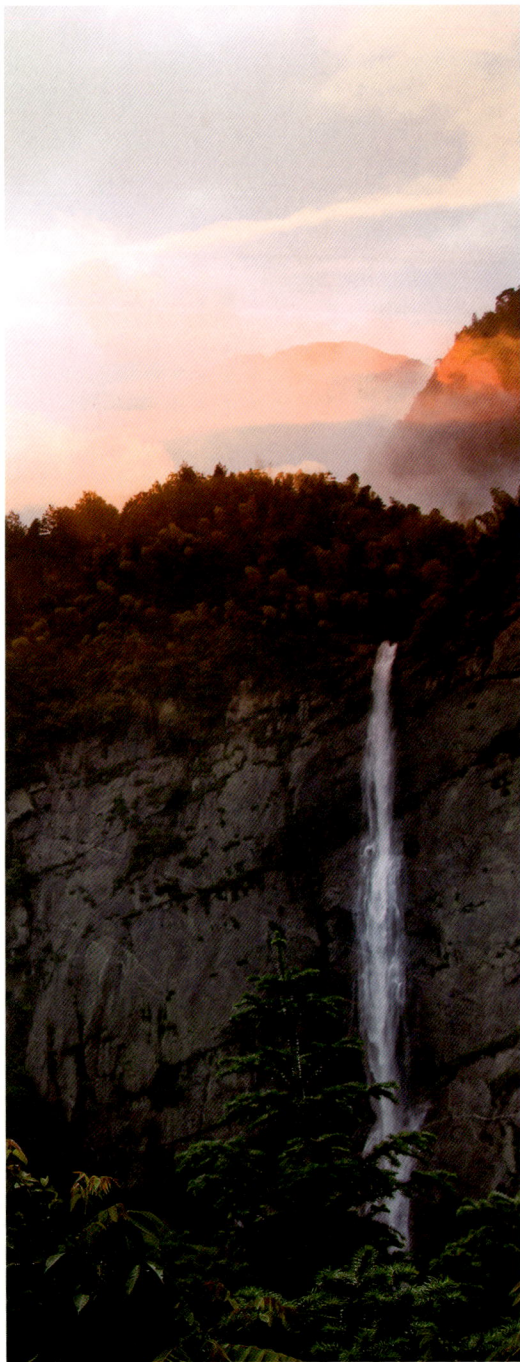

风景这边独好 —— 2024 江西省十大旅游口号

悠然庐山
自在九江

创意说明 ▶

"悠然"二字准确阐释了"庐山天下悠"的文旅品牌，道尽了庐山历史之悠久、文脉之悠长、山川之悠远、生活之悠闲。

"自在"二字是人们追求的"诗和远方"，是休闲度假的舒心享受，是畅游九江、庐山的美好体验。

该宣传口号文字简洁凝练，主题鲜明，立意新颖，格调高雅，突出了九江文旅资源的禀赋和市场卖点，营造了一种超然物外的意境和逍遥自在的心境，带给游客悠然闲适、惬意自在的美好体验，使得大众对九江之旅产生美好的向往，符合大众的心理期望和时代诉求。

用"悠然"概括一座山的品位，
用"自在"描述一座城的风韵。
让多少人生出向往的翅膀，
让多少人播下渴望的种子。
准确、生动，八个字描绘一个多彩
的地方，
浪漫、热烈，两句话唱出一种无穷
的境界。
这就是创意的智慧，
这就是文化的力量。

九江 JIUJIANG

情况介绍

❷

九江简称"浔",古称柴桑、江州、浔阳,位于江西省北部,自古便有着"九派浔阳郡,分明似画图"之美誉,号称"天下江山眉目之处"。

九江山川秀美,资源丰富。奔腾浩荡的长江、碧波荡漾的鄱阳湖和群峰连绵的庐山,共同构架出"一山独耸、二水合流"的山水空间。浔阳古城就坐落在这名江、名湖和名山之间,呈现出"山在城边,城在水边,水在城中"的独特城市风貌。

九江历史悠久,源远流长。早在新石器时代,人类就在这块土地上繁衍生息。"九江"一名最早见于《尚书·禹贡》,因"众水汇集"而得名。夏、商时期,九江分属荆、扬二州;春秋时为吴国西境,楚国东境,故有"吴头楚尾"之称。秦始皇一统天下,分设三十六郡,九江郡(郡治在今安徽省寿县)就是其中之一。汉高祖六年(公元前201年),车骑大将军灌婴在溢浦口筑城戍守,为九江建城之始,迄今已有2000余年的历史。

❸

风景这边独好 —— 2024 江西省十大旅游口号

悠然庐山　自在九江

❹

　　九江文化昌盛，流播广远。据不完全统计，从司马迁"南登庐山，观禹疏九江"开始，陶渊明、李白、白居易、欧阳修、苏轼等历史文化名人相继登临庐山游历，留下了众多闻名天下的诗词文赋以及石刻作品，使庐山成为中国田园诗的诞生地，中国山水诗、山水游记和山水画的发祥地之一。此外，九江从古至今都是人才辈出的地方，古有东晋柴桑陶渊明、宋代修水黄庭坚，今有德安"杂交水稻之父"袁隆平等。

　　九江经济发达，商贸繁荣。因享长江、鄱阳湖水运之利，九江自古号称"七省通衢"。秦汉时期，九江是中原与岭南之间重要的物资集散地，其造船业和航运业尤为发达。唐宋时期，九江是江南著名的"鱼米之乡"，其稻谷、茶叶、竹

❶ 庐山秀峰瀑布

❷ 东林大佛

❸ 庐山西海

❹ 九江八里湖新区

❺ 九江新城

庐山

庐山，又名匡山、匡庐，耸峙于长江中下游平原与鄱阳湖畔，是国家 5A 级旅游景区。庐山以其雄、奇、险、秀而闻名于世，被誉为"人文圣山"，素有"匡庐奇秀甲天下"之美名。景区内最著名的三叠泉瀑布落差达 155 米，被称为"庐山第一奇观"。

木、船舶等畅销各地，为全国"三大茶市""四大米市"之一。明清以来，九江成为重要的水稻、棉花、茶叶和淡水鱼类生产基地，同时商业贸易也更加繁荣。清咸丰十一年（公元 1861 年），九江正式开埠通商，近代民族工业也随之开始发展。中华人民共和国成立后，尤其是改革开放以来，九江的经济建设取得了辉煌成就，在石油化工、现代轻纺等传统优势产业和新材料、新能源等新兴产业上均实现了快速发展。

❺

❶

白云深处
靖安人家

创意说明 ▶

　　"白云深处，靖安人家"的灵感源自唐代诗人杜牧的诗作《山行》中的"白云生处有人家"。"白云深处"四字出处有三。1988 年版《靖安县志》有相关记载：一是靖安县中源乡境内有座白云峰，因山巅常有白云缭绕而得名，此峰西麓曾有寻仙庵名为云阳寺，寺内有一迥道人题字的"白云深处"摩崖石刻；二是盛唐诗人刘眘虚在本县桃源创办"深柳读书堂"，留下了"道由白云尽，春与青溪长"的诗句；三是靖安古有"双溪十景"，其中一景就是绣谷飞云，此景前人描写为"峰峦耸翠，时出云气，与山掩映，隐显明灭，瞬息万状"。即使是现在，雨后的县城仍常常可见白云环绕青山绿水。"靖安人家"四个字凸显了靖安"好山好水好人家"的家园情怀，也映射了"发展为了靖安人，发展依靠靖安人，发展成果靖安人共享"的发展理念。"靖安人家"是所有靖安人共同的家，也是让人称道的"佳美之家"，更是让外界一致赞美的"嘉奖之家"。

云是生态平衡的维护者，云是生态靖安的代言人。吟诵脍炙人口的唐诗，走进云蒸霞蔚的小城，诗意山水与人间烟火跃然呈现，呼唤人们去体验"有一种生活叫靖安"。

靖安 JING'AN

情况介绍

❷

靖安地处江西省西北部，宜春市北部，九岭山脉绵亘全境，北潦双溪流贯东西。

旖旎多姿的九岭山水，养育了善良淳朴的靖安人民，也滋养了靖安厚重深邃的历史人文。老虎墩史前遗址距今约 4500 年，它改写了江南地区的先秦考古史；东周古墓遗址（李洲坳东周墓葬）出土的文物改写了中国纺织织造历史，填补了中国南方地区先秦人类学研究的空白，被列为"2007 年中国十大考古新发现"之一；禅宗"三大祖庭"之一的宝峰寺是"中国最伟大的禅师"（胡适语）马祖道一的重要道场和舍利安放地。自建县以来，靖安先后诞生了明代尚书李叔正、中国民间三大清官之一的况钟，以及《白香词谱》的作者舒梦兰等历史文化名人，刘眘虚、曾巩、陆九渊、王阳明均曾游历靖安。

靖安生态环境优美，处处是景，森林覆盖率达 84.25%（其中三爪仑景区达 95.7%），被誉为"天然基因库"。九岭尖海拔约

白云深处　靖安人家

④

1794.49 米，是赣西北最高峰，而九岭山国家级自然保护区
中的国家 4A 级旅游景区——三爪仑国家森林公园就位于靖
安。靖安的空气和水质皆为一流，被评为"中国天然氧吧"。
此外，靖安还有丰富的动植物资源，拥有野生动物数百种，
野生植物 2000 余种，还是中国娃娃鱼之乡。

　　靖安是清朗秀丽的养生福地。据中国古代的百科词典《广
雅》所载，"靖，安也。""靖安"二字意为安定、和平，
这也是靖安现如今的真实写照。靖安是宜居佳地，近年来，
靖安高标准地打造了中源乡白沙坪客家避暑小镇、宝峰禅韵
生态小镇、三爪仑知青小镇和高湖古楠村、水口青山村等美
丽宜居示范村庄，荣获"中国最美县域"称号。

❶ 禅原山居

❷ 九岭温泉

❸ 宝峰溪真乡墅

❹ 三爪仑

❺ 宝峰寺

三爪仑国家森林公园位于靖安境内的九岭山脉东麓，是由况钟园林景区、骆家坪景区、宝峰寺景区、盘龙湖景区等组成的百里风光带。景区内气候温和，四季分明，且森林覆盖率高，有"绿色宝库"之称，是旅游避暑的佳境胜地。

5

梦里老家
乡愁婺源

创意说明 ▶

在婺源粉墙黛瓦的一片徽派建筑中，围绕着小溪的涓涓细流，流水清澈见底，与古老的大树小桥交相辉映，构成了一幅优美的水墨画。在人生的记忆深处，老家都是挥之不去的回忆，在那里有人生最美好的童年时光，这些美好在人长大后都随着时代的步伐而逐渐消失。不过，婺源还拥有着历史悠久的传统古建筑、小道和生产器具。在这里，你能够重温童年时的记忆，漫山遍野的油菜花与山、水、房屋融为一体，这就是望得见山、看得见水、记得住乡愁的梦里老家！欢迎来到江西婺源追寻这一段传奇。

在梦中思乡，于故乡圆梦，魂牵
梦绕，写尽城与乡的"两相欢喜"，
映透人与自然的"双向奔赴"。
青山古宅深巷，小桥流水人家。
婺源，有在故乡才能品出的味道，
也有在故乡才能体会的幸福。

婺源 WUYUAN

情况介绍

❷

　　婺源位于江西省东北部，它的东面是国家历史文化名城衢州，西面与"瓷都"景德镇相连，北靠皖南旅游胜地黄山，南接国家风景名胜区三清山，是一颗镶嵌在赣浙皖三省交界地的绿色明珠。婺源于唐开元二十八年（公元 740 年）置县，古为皖南徽州"一府六县"之一，地形地貌素有"八分半山一分田，半分水路和庄园"的特征。走进婺源，蓝天、青山、白云、小桥、流水、人家、粉墙、青砖、黛瓦共同构成一幅幅意境深远的山水画，犹如梦幻般的世外桃源，故婺源被外界誉为"中国最美的乡村"。著名文学家余秋雨先生在游览婺源后，不禁发出感慨："我也算是一个走遍天下的人了，但若要我介绍国内好去处的时候，如果不是说大城市、大名胜，而是说村落、田野、城镇，我首先脱口而出要推荐的，一定是婺源。"

　　婺源自古享有"书乡"美誉，是国家级徽州文化生态保护实验区。自唐至清，全县共出进士 552

风景这边独好 —— 2024 江西省十大旅游口号

梦里老家　乡愁婺源

❹

人，历代婺源籍文人留下的著作中有 172 部入选《四库全书》。朱熹、詹天佑等历史文化名人名扬中外。徽剧、傩舞、徽州三雕（石雕、砖雕、木雕）、歙砚制作技艺、绿茶制作技艺、甲路纸伞制作技艺被列为国家级非物质文化遗产，理坑、汪口、延村、虹关村等被评为中国历史文化名村，清华彩虹桥、婺源宗祠等被列入全国重点文物保护单位。

婺源生态优美，物产丰富。全县森林覆盖率高达 83.67%，有国家自然保护区、森林公园、湿地公园各 1 处，挂牌保护的名木古树 13000 余株。境内还有世界上濒临绝迹的鸟种蓝冠噪鹛，以及世界上最大的鸳鸯越冬栖息地。此

❶ 油菜花海
❷ 江湾民俗活动
❸ 石城古村落
❹ 婺源民居聚落
❺ 月亮湾

外，境内的红、绿、黑、白、黄"五色"特产（荷包红鲤鱼、婺源绿茶、龙尾歙砚、江湾雪梨、皇菊）享誉古今。

目前，婺源全县共有国家5A级旅游景区1个，国家4A级旅游景区13个。近年来，婺源先后被评为中国旅游强县、国家乡村旅游度假实验区、国家级文化与生态旅游县等，还被网友评为"中国四大花海之一""中国五十个世外桃源之一""最美乡愁旅游目的地"等。

婺源是一个四季皆景、老少皆宜的旅游休闲度假胜地。在这里，春可赏万亩花海，夏可享清凉世界，秋可观"晒秋"红叶，冬可享古韵民俗；在这里，人们可以观赏到最美丽的田园风光，感受到最传统的民间风俗，体验到最恬静的乡村生活。最美乡村婺源是一个人与自然和谐共存的生态家园，它蕴含着古老与神奇，绝对会带您踏上一场充满诗情画意的寻梦之旅。

❺

重上井冈山
今朝更好看

创意说明 ▶

"重上井冈山，今朝更好看"这一口号的灵感源自一代伟人毛泽东的诗词《水调歌头·重上井冈山》和《菩萨蛮·大柏地》。故地重游，忆旧颂新。中国革命摇篮井冈山是老一辈无产阶级革命家创建的中国第一个农村革命根据地，它点燃了"工农武装割据"的星星之火，在这片红色土地上，峥嵘岁月里培育的井冈山精神得以发扬光大。

"井冈山上乾坤大，毛竹林里韬略长"，井冈山既受过革命的洗礼，又传承和发扬了井冈山精神。回想当年的激烈战斗，实在引人满怀凌云壮志，故携来百侣"千里来寻故地"。如今，人们把这里打扮得尤为鲜丽如画，真是"旧貌变新颜"。大家既能在洋溢着革命乐观主义的气氛中受到熏陶，又能在革命史诗中接受革命人生观教育。

每一株杜鹃，都沾染着烈士的鲜血；
每一座山峰，都回荡着胜利的号角；
每一块墓碑，都陪伴着英魂长眠。
被革命理想、民族大义、红色底蕴、
家国情怀"装点"的井冈山，今朝
正焕发着更加璀璨的光芒。

井冈山 JINGGANG SHAN

情况介绍

❷

井冈山地处赣湘两省交界的罗霄山脉中段，古有"郴衡湘赣之交，千里罗霄之腹"之称，曾获国家 5A 级旅游景区、全国文明风景旅游区等国家级荣誉称号。

井冈山以其绚丽多姿的自然风光，被世人赞叹为"绿色宝库"。这里植被丰富、物种多样，森林覆盖率达 86%，有全球同纬度迄今保存最完整的次原始森林约7000公顷，野生植物4000余种，野生动物 3000 余种，是世界生物圈保护区。这里风景优美、生态环境优良，拥有 11 个景区、76 个景点、460 余处景观景物，是理想的旅游休闲、避暑疗养胜地。

井冈山以其辉煌灿烂的革命历史，铸就了蜚声中外的"红色摇篮"。20 世纪 20 年代末，毛泽东、朱德等老一辈无产阶级革命家在这里创建了中国第一个农村革命根据地，开辟了"农村包围城市，武装夺取政权"这一具有中国特色的革命道路，点燃了中国革命的星星之火，中国革命从这里走向胜利。在井冈

重上井冈山　今朝更好看

④

山斗争时期牺牲的革命烈士达 4.8 万人，参加过井冈山斗争的开国元勋有 54 位，井冈山因此被誉为"中国革命的摇篮"和"中华人民共和国的奠基石"。

　　井冈山以其深邃厚重的文化底蕴，成为人们心中的精神家园。巍巍五百里井冈，104 处革命旧址遗迹散落其间，这里已经成为一座没有围墙的革命历史博物馆。两年零四个月的井冈山斗争，创造了具有原创意义的井冈山精神。如今的井冈山已经成为人们心目中永恒的信念高地和永远的精神家园。

❶ "红军万岁"雕塑

❷ "星火相传"火炬雕塑

❸ 井冈山风光

❹ "天下第一山"标志

❺ 五指峰

井冈山革命烈士陵园

井冈山革命烈士陵园是茨坪中心景区主要的革命人文景观，它坐落在松柏叠翠的茨坪北山上，由井冈山革命烈士纪念堂、井冈山碑林、井冈山雕塑园、井冈山革命烈士纪念碑等景点组成。全园四季绿树常青，素花点缀，显得庄重而肃穆。

❺

　　重上井冈山　今朝更好看

❶

走过千年
依然奉新

创意说明 ▶

奉新有着千年人文昌盛、鼎新革故的历史。国家 4A 级旅游景区百丈山、中国农耕文化主题乐园天工开物园、江南古代四大书院之一的华林书院等都坐落在奉新。

奉新也有着新时代的活力创新。从一片荒芜到建成省级高新技术产业园区，从工业零基础到培育出新材料新能源、纺织两个百亿产业，如今的奉新已逐步成长为"长江经济带国家级转型升级示范开发区"。这就是"走过千年，依然奉新"的形象，是奉新人在历史、山川、文化、经济与社会发展中展现的风骨气象。

《天工开物》显千年风采，华林书院传千年文脉，佛教禅宗蕴千年清规。应星故里、仙源灵境，奉新能让你品千年文化，看万象更新。千年奉新，由新而生，向新而行。

奉新 FENGXIN

情况介绍

❷

奉新地处赣西北，隶属宜春市。

奉新历史悠久，于汉灵帝中平二年（公元 185 年）建县新吴，曾名海昏，南唐保大元年（公元 943 年）改县名为奉新，寓意"弃旧迎新"，至今已有 1800 余年历史，被确认为"中国地名文化遗产千年古县"。

奉新人文厚重，被誉为"中国 17 世纪的工艺百科全书"的《天工开物》的作者宋应星就是奉新宋埠人。位于奉新的百丈寺是中国佛教禅宗古寺庙之一，也是"天下清规"的发祥地。宋代国子监主簿、教育家胡仲尧创办的华林书院是江南古代四大书院之一，与岳麓书院、鹅湖书院、白鹿洞书院齐名，宋真宗给予华林胡氏"一门三刺史，四代五尚书"的高度评价；中国画一代宗师八大山人（朱耷）在奉新生活了 20 余年，其大多数杰作都是在奉新完成的。

奉新物产丰富，被誉为"中国优质米之乡"和"中国猕猴桃之乡"。全县优质米年产量稳定在 6

　　　走过千年　依然奉新

④

亿斤左右；猕猴桃种植面积约 9 万亩，为江南最大的猕猴桃种植基地之一。奉新大米、奉新猕猴桃品牌价值超 20 亿元，获得农产品地理标志认证，奉新猕猴桃还获得了农业农村部农产品地理标志登记保护。

奉新生态优美，天蓝、水清、地绿，空气质量优良，森林覆盖率达 64.54%，被北宋诗人黄庭坚赞誉为"仙源灵境"。奉新是国家生态文明建设示范县、全国绿化模范县、"绿水青山就是金山银山"实践创新基地，目前正在创建国家森林城市。

近年来，奉新正逐步成为都市人群修身、修心的旅游目

❶ 百丈山

❷ 华林书院

❸ 锦绣乡村

❹ 万亩猕猴桃生态
产业园

❺ 天工开物园

百丈山位于奉新，因其高大、气势雄伟，故又称大雄山。百丈山上有"天下清规"发祥地百丈寺、落差约 100 米的犀牛潭瀑布、创办于宋代的华林书院、《天工开物》作者宋应星的纪念馆等景物景观 200 余处，是奉新最具代表性的景区之一。

的地。百丈山景区是国家 4A 级旅游景区，素有"小庐山"之称；八仙飞瀑潭景区被誉为"江南第一瀑布群"；

九仙温泉又称"阴阳泉"，水中含多种对人体具有保健作用的矿物质。此外，奉新还打造了天工苗艺坊、会埠镇耕香森林公园、仰天峡漂流等"网红打卡地"，并结合乡村、研学、民宿、康养等创新旅游发展模式，高标准地打造了一批文旅项目。

"走过千年，依然奉新。"欢迎大家到奉新，品以勺子肉、盐包鸡、盐叽压肉为代表的特色天工农家宴，尝以奉新大米、香菇、竹笋、黄年米果、酿饭坨为代表的农副土特产品，特别是要来品尝享誉省内外的奉新猕猴桃！

5

云中草原
户外天堂

创意说明 ▶

"云中草原，户外天堂"这一口号极具武功山生态自然的静态之美，亦兼具游客身心感受的动态之美。武功山山峰高耸、云雾缭绕、草甸披列，人游武功山，不仅是在武功山的风景中游走，游人本身也成了风景的一部分，这是景观与游客最极致的和谐。在武功山，人们既能观赏奇山草甸之秀美，也可收获身心无忧之自由，顿然有一种远离尘嚣、洗涤心灵的纯美感受。口号将人、景、情三位一体进行融合，体现了武功山独特的自然和人文特征，且用词宜雅宜俗，意蕴悠长，字句间流溢出一幅自然人文的立体画卷，编织出身临其境的多维印象，让人不由得从心去咏叹、去追寻那份美好。

同为草甸，却不同于塞外；同在户外，却不同于屋外。从地面到山上，从山上到天堂，因了高山的托举，人们便有了抚云摩天的体验；在草坪上、帐篷里嬉戏或安卧，则恍若置身天宫一般。武功山，果然不一样。

武功山 WUGONG SHAN

情况介绍

❷

武功山风景名胜区位于江西省中西部，属赣湘边界罗霄山脉北段，是江西省内旅游资源最为丰富的大型山岳型风景名胜区之一。武功山曾与庐山、衡山并称江南三大名山，有"衡首庐尾武功中"之称。武功山的主峰为白鹤峰（金顶），海拔约1918.3米，目前围绕金顶已设立武功山国家地质公园、武功山国家森林公园和明月山国家森林公园。

武功山历史悠久，文化源远流长。远自汉晋起，武功山便被道、佛两家择为修身养性之洞天福地；宋明时香火达到鼎盛时期，山南山北建有庵、堂、寺、观30余处。从古至今，前来武功山朝拜的善男信女和登山游赏、吟诗作赋的名人学士络绎不绝，留下了无数珍贵墨迹。明代旅行家、地理学家徐霞客登临武功山后，留下了"千峰嵯峨碧玉簪，五岭堪比武功山"的千古绝句。据考证，历史上赞美武功山的千古诗赋、文章有百余篇。

武功山景区由金顶景区、云顶景区、九龙山景区、发云界景区组

云中草原　户外天堂

④

成，景区内自然形成了"峰、洞、瀑、石、云、松、寺"齐
备的山色风光，10万亩高山草甸绵延于海拔 1600 余米的
高山之巅，与巍峨山势相映成趣，堪称天下无双；峰顶神秘
的古祭坛群距今已有 1700 余年，被誉为"华夏一绝"；气
势恢宏的高山瀑布群、云海日出、穿云石笋，奇特的怪石古
松、峰林地貌和保存完好的原始森林、巨型活体灵芝等景观
令游人叹为观止。

　　武功山气候温和，夏季尤为凉爽宜人，是良好的避暑胜
地。舒适宜居的自然环境孕育了种类繁多的动植物，许多珍
禽异兽生长在这里，如黄腹角雉、短尾猴、水鹿、白鹇、娃

❶ 帐篷节之夜

❷ 武功山云雾

❸ 武功山风光

❹ 武功山帐篷节

❺ 武功山金顶日出

金顶（又名白鹤峰）位于萍乡市与吉安市的交界处，为武功山的最高点，海拔约1918.3米。峰顶地势平坦，夏季气候凉爽，是观赏日出、高山草甸、神秘"佛光"、迷幻云海、悬崖峭壁，以及进香拜佛的最佳景区。

娃鱼等国家级重点保护动物。此外，武功山还有丰富的植物资源，森林覆盖率达88.1%，高于全中国乃至世界的平均水平。武功山保留下来的古木大树有37种，珍贵稀有的濒危树种也有150余种。据统计，武功山上有动物200余种，植物2000余种，被中国科学院专家誉为天然动植物园。

目前，武功山已获得国家5A级旅游景区、国家级风景名胜区、国家地质公园、国家自然遗产、国家森林公园等5张国家级名片，同时还获得了中国风景名胜区自驾游示范基地、中国青少年户外体育运动营地等荣誉称号。它是中国旅游资源宝库中一颗璀璨的明珠。

❺

红色故都
江南宋城

创意说明 ▶

"红色故都，江南宋城"这一口号简洁而精准地概括了赣州的独特魅力。"红色故都"凸显了赣州在中国革命历史中的重要地位，承载着深厚的红色文化底蕴和光荣的革命传统。"江南宋城"则描绘出赣州悠久的历史与独特的江南古城韵味，其宋代古迹见证了昔日的辉煌。口号将历史与现实紧密相连，生动地展现了赣州既是红色圣地又是文化名城的特质，能迅速引发人们对赣州的向往与好奇心，有助于提升赣州的知名度和影响力。

她有深远的历史，触眼便是千余年的遗存。她的院落居然是宋代的城墙，而宋代的楼台、寺院、石窟、排水系统等都是她的陈设和珍玩。此外，在她的红色履历中更是写满了一段段激情燃烧的岁月，这些都成为中国历史叙述中不可绕开的一页。

赣州 GANZHOU

情况介绍

❷

赣州位于江西省南部，俗称赣南，是江西区域面积最大的设区市，曾获评国家森林城市和国家历史文化名城。境内拥有瑞金共和国摇篮景区、三百山景区等国家 5A 级旅游景区，以及江南宋城历史文化旅游区、关西客家围屋群古村落景区等国家 4A 级旅游景区。

赣州的生态环境良好，拥有国家级森林公园 10 个、国家级自然保护区 3 个、国家级湿地公园 13 个，森林覆盖率达 76.23%，享有"生态家园"美誉。优良的水土环境也使得赣州成为世界上最大的脐橙种植地区，被誉为"世界橙乡"。

赣州文明久远灿烂。5000 年前已有先民在此繁衍生息，秦始置县，宋定名赣州。张九龄、苏东坡、辛弃疾、文天祥等历史名人曾在此留下政功墨迹。唐代马祖道一禅师、风水大师杨筠松分别在此弘扬禅宗文化和堪舆文化。周敦颐、程颢、程颐、王阳明等理学大家使赣州成为宋明理学的发祥地。民国时期，

红色故都　江南宋城

3

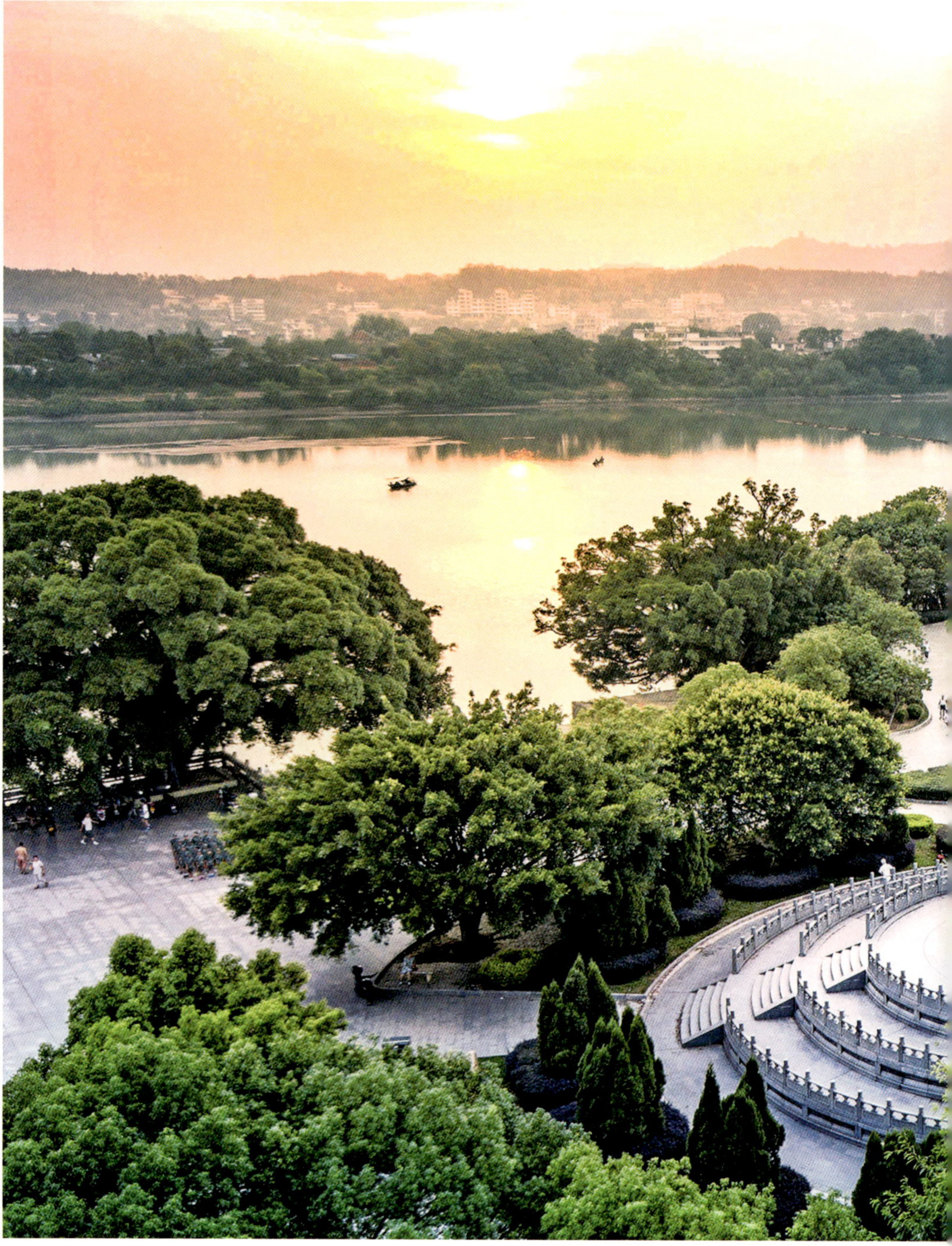

红色故都　江南宋城

④

蒋经国曾主政赣南长达 6 年。

　　赣州是"江南宋城"，为宋代36个大城市之一，被誉为"宋城博物馆"。八境台踞章、贡两江交汇处，"览群山之参差，俯章贡之奔流"；郁孤台因辛弃疾《菩萨蛮》中"郁孤台下清江水，中间多少行人泪"一句而声名远播。赣州拥有目前全国保存最为完整的宋代砖城墙、"江南第一石窟"通天岩、江西宋元四大名窑之一的七里镇古窑址，以及惠泽古今、被誉为中国城市建设史上的奇迹的宋代地下排水系统——福寿沟。

　　赣州是"客家摇篮"，全市人口中有95%以上为客家人，至今保存完好的上千座客家围屋被誉为中国民居建筑奇葩。赣南采茶戏、兴国山歌、于都唢呐公婆吹、石城灯会等国家级非物质文化遗产流传至今。

赣州是"红都圣地"，是土地革命战争时期中央苏区的主体和核心区域，革命历史辉煌。中华苏维埃共和国在此奠基，举世闻名的红军二万五千里长征从瑞金、于都等地出发，艰苦卓绝的南方三年游击战争在赣南山区浴血坚持，毛泽东、周恩来、刘少奇、朱德、邓小平、陈云等老一辈无产阶级革命家在这里留下闪光足迹。赣南苏区人民为中国革命作出了重大贡献和巨大牺牲，仅姓名可考的烈士就达 10.82 万人。从赣州走出了 134 位开国将军，其中兴国籍将军就有 56 位，因此兴国被誉为"将军县"。赣南红土地孕育了伟大的苏区精神，习近平总书记将其概括为"坚定信念、求真务实、一心为民、清正廉洁、艰苦奋斗、争创一流、无私奉献"，深刻阐述了苏区精神的丰富内涵和时代价值。

❺

风景这边独好 —— 2024 江西省十大旅游口号

梦里江南
诗画庐陵

创意说明 ▶

之前在外地读书时，我常常听到别人表达对于江南的向往。那时的我很好奇他们口中的江南是什么样的。

后来我在书上看到了有关江南的描述：江南有着美丽的自然风光，如小桥流水、粉墙黛瓦、烟雨朦胧的水乡景色等，如梦似幻。我常常想象江南，于是我便经常梦到江南美景。

直到后来我回到家乡吉安，也就是庐陵，并见识到庐陵的美景后，我便认定这就是我梦里的江南。之后，我又发现历史上曾有很多描写庐陵美景的诗，于是，"梦里江南，诗画庐陵"这句口号便从我的脑海中冒了出来。

吉安
JI'AN
情况介绍

❷

吉安位于江西省中西部，是举世闻名的革命摇篮——井冈山的所在地，古称庐陵、吉州，元皇庆元年（公元1312年）取吉阳、安成首字合称为吉安。

吉安有丰富的自然和旅游资源。全市森林覆盖率达67.61%，是国内杉木、湿地松、毛竹、油茶等经济林的重要生产基地。境内山清水秀，环境优美，空气质量长年保持在优良等级，被誉为"绿色家园"。吉安的"红、绿、古"三色旅游资源十分丰富，"全景吉安、全域旅游"战略正在实施。井冈山被誉为"天下第一山"，是国家5A级旅游景区、首批国家级重点风景名胜区，被评为中国旅游胜地四十佳之一。此外，吉安境内有武功山、青原山、玉笥山、白水仙等4个省级风景名胜区，有目前我国保存最完好、保留遗址规模最大且最集中的窑址群之一吉州窑，以及白鹭洲书院、新干商墓遗址、永丰西阳宫等一大批人文古迹。

吉安有深厚的文化积淀。这里自古人杰地灵、文化繁荣、民风淳

❸

风景这边独好 —— 2024 江西省十大旅游口号

梦里江南　诗画庐陵

❹

厚，素有"江南望郡""金庐陵"之称，更有"文章节义之邦"之美誉。这里孕育了以"追求一流、坚守气节"为精髓，以"放眼天下、崇文重教、传扬家风、团结拼搏、忠义报国"为行为特质的庐陵文化。从唐宋至明清，吉安培养了科举进士近3000名，状元（17名）、榜眼、探花共52名，曾出现"一门三进士，隔河两宰相，五里三状元，十里九布政，九子十知州"的人文盛况。"唐宋八大家"之一的欧阳修、宋代大文豪杨万里、爱国英雄文天祥、《永乐大典》主纂解缙等一批历史文化名人先后诞生在这里，因此吉安被誉为"人文故郡"。

❶ 羊狮慕
❷ 白鹭洲书院
❸ 天湖山
❹ 文天祥纪念馆
❺ 三湾改编纪念馆

这里还曾诞生伟大的井冈山精神。1927 年，毛泽东、朱德等老一辈无产阶级革命家在这里创建了第一个农村革命根据地，点燃了中国革命的星星之火，锻造了"坚定执着追理想、实事求是闯新路、艰苦奋斗攻难关、依靠群众求胜利"的井冈山精神，因此吉安也被誉为"红色摇篮"。

❺

风景这边独好 —— 2024 江西省十大旅游口号

江湖两色
石钟千年

创意说明 ▶

在石钟山景区，水是一大奇观。浩瀚鄱湖，滚滚长江，江湖汇合处，江水西来而浊，湖水南来而清，现出一条天然分界线。郭沫若创作的《登湖口石钟山》中的诗句"水文黄赤界"就是对江湖合流的描绘。因此，石钟山可谓"江湖两色"。

"石钟山"一名的由来，始见于汉代桑钦所著《水经》中的记载："彭蠡之口，有石钟山焉。"因何以"钟"命名？历代众说纷纭，至今还在争论。石钟山因苏轼的《石钟山记》而闻名天下，而《石钟山记》的创作距今有近千年之久，因此可谓"石钟千年"。

石钟山 SHIZHONG SHAN

情况介绍

②

石钟山位于湖口县鄱阳湖出口处，海拔约61.6米，因山石多隙，水石相搏，击出如钟鸣之声而得名，是国家4A级旅游景区。石钟山虽不高，但悬崖峻拔，突兀峥嵘，插湖锁江，气势不凡。登临山上，既可远眺庐山烟云，又可近睹江湖清浊，如在月夜，可谓"湖光影玉壁，长天一月空"。

石钟山分上下两部分，上石钟南踞，下石钟北盘，其形宛如一对硕大的风铃，扣置在鄱阳湖的出口处，三面临水，一面着陆，如同半岛。"绝壁有岩皆起阁，归僧无路只乘舟"，"凌空险峭千重出，插地玲珑百态生"的独特风光，使它声名远扬，传颂千古。

石钟山上从唐代起就有建筑，经历代兴废，现仍存怀苏亭、忠烈祠、上谕亭、报慈禅林、听涛眺雨轩、芸芍斋、石钟洞、同根树等景点。

"石钟涛出鲸鱼鸣"，石钟山那天籁般的"钟声"长年累月响彻四周，淙淙铮铮，水石皆鸣，时而清新，时而悠远，时而激越，时而

　　　　　江湖两色　石钟千年

④

和缓，空空成韵味。这"钟声"和涛声所构成的一幅有声有色的立体图景，连音乐家也难以模拟，连诗人墨客也无法描述。因此，这神曲般的立体图景成了千古奥秘，吸引着历代有识有志之士前来探寻。自古以来，来此山赏景的文人雅士络绎不绝，北宋文学家苏轼曾夜泊山下，并撰写了闻名天下的《石钟山记》。现代文学家郭沫若也曾留诗《登湖口石钟山》于此。

石钟山既是儒家圣地，又是兵家要塞。被称为"江湖锁钥"的石钟山，自三国时期至新中国成立，均为兵家必争之地。三国时期的周瑜在鄱阳湖操练水军，自石钟山发兵进击赤壁，大破敌军80万；元朝末年，朱元璋、陈友谅大战于鄱阳湖，

❶ 石钟山一角
❷ 石钟山景区大门
❸ 石钟山风光
❹ 忠烈祠
❺ 上谕亭

忠烈祠又名太平遗垒、昭忠祠，位于石钟山之西北面，左为报慈禅林，右为浣香别墅。太平军驻此期间，曾在此建有营房堡垒，失败后，改建为昭忠祠。1956年，为还历史本来面貌，昭忠祠改名为太平遗垒，1986年又改名为忠烈祠，祠中现为历史文物陈列馆。

出没于此山之间；清代曾国藩曾率领湘军水师与太平军在湖口鏖战十载，以石钟山为营垒，进取攻守；民国初年，李烈钧发动"湖口起义"讨伐袁世凯，其司令部就设在石钟山上。石钟山屡受战火硝烟洗礼，虽然留下了创伤，但也流传着许多可歌可泣的英雄事迹。

大自然造就了石钟山形的奇特、声的奥妙、色的绚丽，在天地间增添了一块潇潇洒洒、令人销魂的福地。它的"钟声"尤其让人称奇，这"钟声"的境界在于一个"空"字，这"空"声是来自洪荒时代的声音，悠远峻冷，天地震惊，经过岁月的打磨，竟变成一部活的历史。

鄱阳美如画
一湖藏天下

创意说明 ▶

"鄱阳美如画"体现出鄱阳湖好似徐徐展开的画卷，上善若水，水利万物。"一湖藏天下"，"藏"体现"湖纳百川"，意味着丰饶与诗意。浩浩鄱阳湖，灵动飘逸，藏尽了天下美好，集惬意、诗意、温润、醇厚于一身。"鄱阳美如画，一湖藏天下"这一口号充分展示了"江西鄱阳湖，世界生命湖"的美好形象，突出了鄱阳湖的旅游资源优势和历史文化内涵，与鄱阳湖品牌构建的新思路完美契合，并且彰显了鄱阳湖的美丽生态盛景，表达了游客的真情实感。口号同时也体现了"以人为本"的振兴发展理念，描绘出了鄱阳湖的广阔未来，既凸显了该地的自然风貌，又阐述了其人文内涵和文化理念。

鄱阳湖

POYANG HU

情 况 介 绍

❷

鄱阳湖位于江西省北部,南北长约 173 公里,东西宽约 74 公里,湖岸线长约 1200 公里,跨越了南昌、九江、上饶等 12 个县市,丰水季节湖面面积为 4000 余平方公里,是中国第一大淡水湖。

鄱阳湖汇聚了赣江、信江、饶河、抚河及修河五河之水,同时又是长江水域的天然调蓄湖,更受五河之水和长江来水的双重影响,因此是个非常典型的季节性湖泊,水位会随着季节而变化。夏季鄱阳湖水位上涨,湖面陡增,烟波浩渺,水天一色,气势颇为磅礴;秋冬季节则水落滩出,河湖密布,芳草萋萋,芦花飞舞,形成"高水是湖,低水是河""洪水一片,枯水一线"的独特景观。此外,那些裸露的滩涂虽然并不美观,但由于这些地方是鱼虾螺蚌聚集地,秋冬季节候鸟会为此奔袭而来。

由于鄱阳湖地处亚热带季风气候区,环境和气候条件都适合候鸟越冬,且鄱阳湖水温长年保持在零下五摄氏度以上,湖面从来不结冰,

鄱阳美如画　一湖藏天下

④

再加上当地独特的原生态景观，因此为候鸟提供了一块温暖的栖息地。每年秋末，来到鄱阳湖越冬的候鸟不计其数，它们年复一年，翻山越岭，犹如一群守望者，守望着鄱阳湖。这里聚集了世界上 98% 的湿地候鸟种群，主要以白鹤、鸿雁和天鹅等越冬鸟群为主，也不乏各类珍稀鸟种，还是世界上最大的白鹤越冬地。此外，位于九江市永修县吴城镇境内的鄱阳湖吴城候鸟小镇景区是集生态保护、科普研学、休闲观光、文化体验等于一体的国家 4A 级旅游景区。2023 年 11 月 3 日，第三届鄱阳湖国际观鸟季正是在此举行，吸引了一众游客前来打卡拍照。他们聚集于此，多是为了感受鄱阳湖面上温情的"天鹅湖群舞"。"鄱湖鸟，知多少？飞时能遮云和月，落时不见湖边草。"鄱阳湖也因此被誉为"候鸟乐园""人间仙境"。

❶ 鄱湖秋雾
❷ 鄱阳湖大湿地
❸ 鄱阳湖风光
❹ 鄱湖春色
❺ 鄱湖鹤韵

鄱阳湖不仅是中国最大的淡水湖，还拥有着令人叹为观止的草原美景。鄱阳湖大草原位于鄱阳湖国家湿地公园核心区域，草原面积逾100平方公里。"天苍苍、野茫茫"的壮观景象不仅仅存在于北方的广袤草原，枯水期的鄱阳湖仿佛化身为"江南大草原"，展现出一种别样的壮阔与美丽。每到秋冬季节，鄱阳湖的水位逐渐下降，露出了一望无际的草原，仿佛一片绿色的海洋，一碧千里，令人心旷神怡。在这片辽阔的草原上，你可以看到蔚蓝的天空与碧绿的草原相互映衬,仿佛是一幅精美的画卷。金黄色的芦苇随风摇曳，雪白的荻花点缀其间，仿佛是大自然精心布置的装饰。在草原上漫步，仿佛置身于一个宁静而美丽的世外桃源，所有的烦恼与喧嚣都将被这片绿色的海洋所吞噬，只剩下心灵的宁静与自由。

❺

一眼万年
醉美稻源

创意说明 ▶

一眼万年，"万年"因县治于万年峰之阳而得名；一眼万年，"万年"是一段非常长的时间，而这里历史悠久，文化底蕴深厚。万年是世界稻作文化发祥地，境内的仙人洞、吊桶环遗址经考古发掘，出土了距今约 1.4 万年的手工夹砂圜底陶罐和距今约 1.2 万年的栽培水稻植硅石，可谓看一眼就是一万年。一眼万年，万年作为一种永恒的爱，一旦遇见，便是万年，万年珍珠以其"淡雅似明月、瑰丽如云霞、粒大形圆、光泽照人、品质优良"的特色而享誉世界，同时也象征着爱情和幸福。总而言之，万年作为世界稻源，拥有与生俱来的历史文化古韵、自然山水洞天奇观以及美珠美食，这一切无不让人流连醉美。

万年
WANNIAN
情况介绍

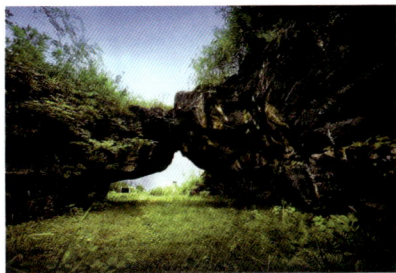

❷

万年地处江西省东北部，鄱阳湖东南岸，建县于明正德七年（公元 1512 年），因县治于万年峰之阳而得名，是世界稻作文化发祥地和中国贡米之乡。

万年有着悠久的历史和灿烂的农耕文明，早在旧石器时代，人类的祖先就在这块土地上定居劳作、繁衍生息。境内的仙人洞与吊桶环遗址是中国 20 世纪百项重大考古发现之一，经考古发掘出土了距今约 1.4 万年的手工夹砂圜底陶罐，现存放于中国国家博物馆，被誉为"天下第一陶罐"；此外还出土了距今约 1.2 万年的栽培水稻植硅石，比浙江余姚河姆渡发现的人工栽培水稻遗存早 5000 多年。而与仙人洞、吊桶环遗址遥相呼应的神农宫是国家 4A 级旅游景区，其具有典型的喀斯特地貌特征，集现代地下河与古河道于一身，洞内各类钟乳石品种繁多，形态各异，秀美奇特，被中国地质科学院评为中国洞穴重大发现。

万年的贡米有说不完的历史。据《万年县志》记载："相传，早

　　　　　风景这边独好 —— 2024 江西省十大旅游口号

一眼万年　醉美稻源

④

在南北朝时期，皇帝南巡途中梦见江南有'千斤冬瓜，寸长大米'，便差人到南方察访。当差人察访至江西万年县（明置县）荷桥、龙港一带时，果然在野生稻谷中发现了'三寸粒'稻米，而且米质非同一般，便飞速回朝呈报皇帝。皇帝听后大喜，当即传旨江西荷桥、龙港'代代耕食，岁岁纳贡'。"万年贡米由此得名，并荣获"国米"称号。清朝时，各州县纳粮送至京城后，必待万年贡米运到，方可封仓，由此可见万年贡米无可取代的地位。

在长期的水稻耕作中，万年逐步形成了具有地方特色的民俗文化。万年民俗文化以节令、农谚、民谣、民歌和民间

❶ 万年稻田

❷ 吊桶环遗址场景

❸ 神农宫

❹ 秋天的收获

❺ 仙人洞

仙人洞是新石器时代洞穴遗址,在此出土的遗物丰富,有石器、骨器、穿孔蚌器、陶片等,还有数以万计的动物骨骼碎片。其中最特别的是有着逾万年历史的夹粗砂条纹陶和绳纹陶,这不仅是东亚地区,也是目前世界上发现的年代最早的陶器标本之一。

传说等为载体,活跃于民间,世代相传。每年春节至元宵节期间,许多村庄都舞矮脚龙灯,祈求风调雨顺;每年端午,人们都在乐安河上举办端午龙舟赛,表达丰收的喜悦。2014年,万年稻作习俗入选国家级非物质文化遗产名录。

万年稻作文化是万年最重要、最绚丽的一张名片。自2005年开始,万年每两年举办一次国际稻作文化旅游节,先后举办了四届。如今的万年,正朝着建设富裕文明美丽现代化万年的方向不懈奋斗。

❺

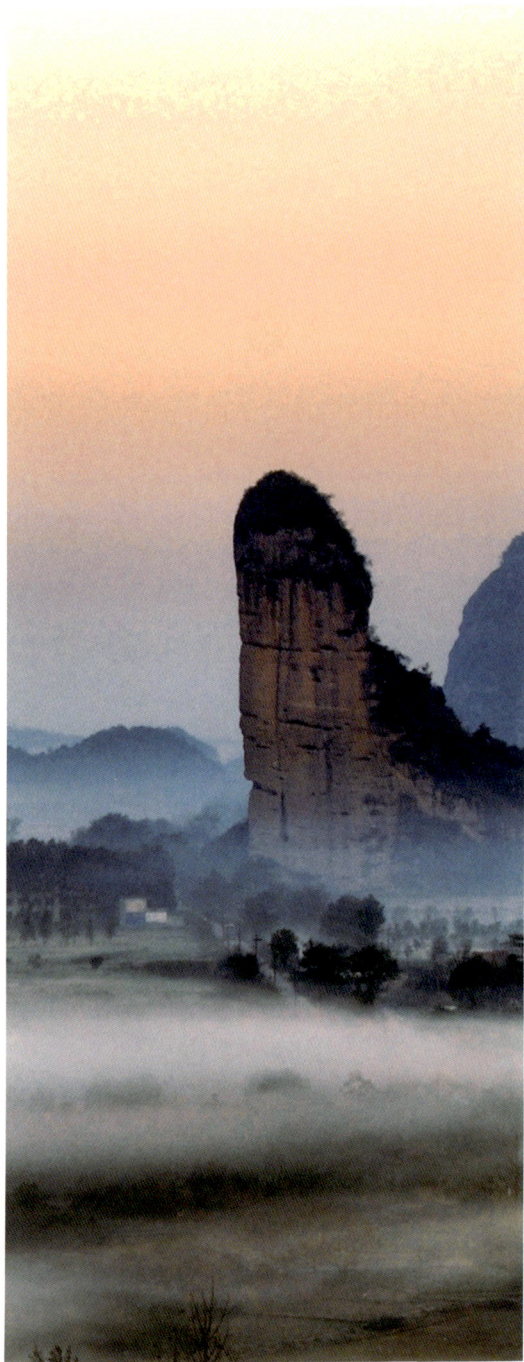

❶

风景这边独好 —— 2024 江西省十大旅游口号

道教祖庭
人间仙境

创意说明 ▶

江西龙虎山自古有"仙灵都会"之誉，为正一道的祖庭和中国道教发祥地之一。相传，这里曾是祖天师张道陵的炼丹之处，"丹成而龙虎现"，龙虎山也因此而得名。

龙虎山还素有"千古名岳，道教仙山"之美誉。龙虎山为典型的丹霞地貌，奇峰秀出，造型景观鬼斧神工，集雄、奇、险、秀、幽的形态美和空间协调美于一身，堪称"人间仙境"。

龙虎山 LONGHU SHAN

情况介绍

❷

龙虎山位于江西省鹰潭市西南部，是中国典型的丹霞地貌风景区和中国道教发祥地，被评为国家 5A 级旅游景区、中国第八处自然遗产等。东汉中叶，正一道创始人张道陵曾在此炼丹，传说"丹成而龙虎现"，山因此得名。

龙虎山有"丹霞仙境"之称，主要风景区有上清宫景区、天师府景区、龙虎山景区、仙水岩景区、岩墓群景区、象鼻山排衙石景区和独峰马祖岩景区等。中国

大多数的丹霞地貌由于地形高差相对较大，故以雄奇险峻为特色，而龙虎山属于发育到老年期的丹霞地貌，山块离散，呈峰林状，地形高差相对较小，最大高差在 240 米左右，因此总体显得秀美多姿。龙虎山的丹霞地貌类型也较为多样，集中分布在龙虎山景区和仙水岩景区约 40 平方公里的范围内，景区内又有泸溪河流过，将两岸的丹霞地貌景观串联为一体，显现出碧水丹崖的特点。

龙虎山为道教正一派祖庭，在中国道教史上有着承前启后、继往

风景这边独好 —— 2024 江西省十大旅游口号

道教祖庭　人间仙境

❹

开来的地位和作用。龙虎山原名云锦山，乃独秀江南的秀水灵山。此地群峰绵延数十里，为应天山（后更名象山）一支脉西行所致。相传九十九条龙在此集结，山状若龙盘，似虎踞，龙虎争雄，势不相让；上清溪自东远途飘入，依山缓行，绕山转峰，似小憩，似恋景，过滩呈白，遇潭现绿，或轻声雅语，或静心沉思。九十九峰二十四岩，尽取水之至柔，绕山转峰之溪水，遍纳九十九龙之阳刚，山丹水绿，灵性十足。不久，灵山秀水被神灵相中，即差两只仙鹤导引张道陵携弟子出入于山，炼丹修道。山神知觉，龙虎现身，取代云锦。此后，龙虎山碧水丹山秀其外，道教文化美其中，可谓道教名山，被誉为道教仙境。

❶ 金枪峰
❷ 龙虎山风光
❸ 碧水丹山
❹ 山间民居
❺ 崖墓群

此外，龙虎山景区内的象山书院是中国古代哲学中"顿悟心学"派的发祥地，金龙峰马祖岩是禅宗史上贡献最大的禅师之一马祖道一早期参禅悟道的场所，仙水岩的崖墓群是中国葬俗史上的奇观，"仙女现花"为道教第一绝景，等等。据《龙虎山志·艺文》载："鹰潭龙虎山历魏、晋、唐、宋，代有褒崇，若山川之胜，宫宇之丽，人物之繁，仙迹之异，道行之神，爵望之显。代之慕拟歆艳者，或美之于诗文，垂之金石，传递一千余载。"龙虎山几千年来积淀而成的丰厚的道教文化遗产，它在中国道教史上显赫的祖庭地位，以及它对中国道教发展所作的贡献，使其在中国乃至世界宗教史上都有着十分重要的地位。

⑤

人信物丰
橙迎天下

创意说明 ▶　　　"人信物丰"充分挖掘了信丰县县名的丰富内涵，表明信丰是一个人民特别讲诚信，物产无比丰富的好地方。"橙迎天下"则是一语双关。一方面，"橙"指信丰盛产的赣南脐橙，信丰是赣南脐橙的发源地，脐橙产量和质量均居全国县域前列，是名副其实的"世界橙乡"。另一方面，"橙"又与"诚"谐音，进一步表明信丰是名副其实的"诚乡"，信丰人民无比真诚和诚信，非常值得天下人信赖和厚爱，人们可以放心前来这里旅游度假、休闲养生和投资兴业！该口号运用四字句式和谐音双关的修辞手法，并且将"信丰"这一县名融入其中，生动形象地表现了信丰人民特别讲诚信，信丰物产无比丰富，信丰赣南脐橙香飘人间、笑迎天下的品牌特征和优势，能够激发人们前来信丰旅游的热情和动力。

信丰 XINFENG

情况介绍

❷

信丰置县于唐永淳元年（公元682年），隶属赣州市，是江西历史文化名城。

信丰县名取"人信物丰、因信而丰"之意，县内人口绝大多数属客家民系，民风淳朴，崇文信礼，自古重诺守约、讲究诚信、开明开放、勤劳务实，使信丰享有"丰崇如廪、比屋弦歌"之美誉。

信丰自然风光秀美，位于西郊的谷山景区是国家4A级旅游景区，这里巧妙地融合了自然景观与现代建筑，是可以一览全域美景的绝佳观景点。信丰人文底蕴深厚，境内有大圣寺塔、玉带桥、案山水阁等人文古迹。信丰是赣粤边三年游击战争核心区、抗日民族革命战争的重要战略支点，走出了曾思玉、曾保堂、彭寿生、童国贵、李长暐等5位开国将军。信丰土地肥沃，物产丰富，是"世界橙乡"和"中国草菇之乡"；信丰萝卜为国家地理标志产品，红瓜子远销东南亚。

信丰是世界脐橙最优主产区、中国脐橙之乡、赣南脐橙发源地，

❸

风景这边独好 —— 2024 江西省十大旅游口号

人信物丰　橙迎天下

❹

是中国唯一的脐橙标准化示范区、国家级出口农产品（脐橙）质量示范区。信丰脐橙品质极佳，是 A 级绿色食品，长期畅销海内外。近年来，信丰设立了赣南脐橙产业链上首个"双院士"工作站，引进农夫山泉公司在信丰建成了世界上规模最大、设备最先进的鲜果加工厂，打造了国家 4A 级旅游景区——中国赣南脐橙产业园。

　　珠江第二大水系北江是联系中原文化和岭南文化的重要纽带，而千里北江便发源于信丰油山。规划建设中的赣粤运河在信丰连接长江与珠江两大水系，是使中部地区与粤港澳大湾区紧密联系的黄金水道。信丰气候温和、光照充足、雨

❶ 橙园飘香
❷ 丰收的喜悦
❸ 谷山景区
❹ 中国赣南脐橙产业园景区
❺ 江西金盆山国家森林公园

中国赣南脐橙产业园按国家 4A 级旅游景区标准建设，依托景区内工厂生产线、中国赣南脐橙博览馆、玻璃温室、脐橙种植基地等景点，打造了一个集种植、生产、研究、体验于一体的农工旅三产融合型景区，如今已成为信丰旅游新地标。

量充沛，且生态环境优良，森林覆盖率达 70.7%，是国家级生态示范区、全国绿化模范县，境内的江西金盆山国家森林公园有"中国森林氧吧"之美誉。

❺

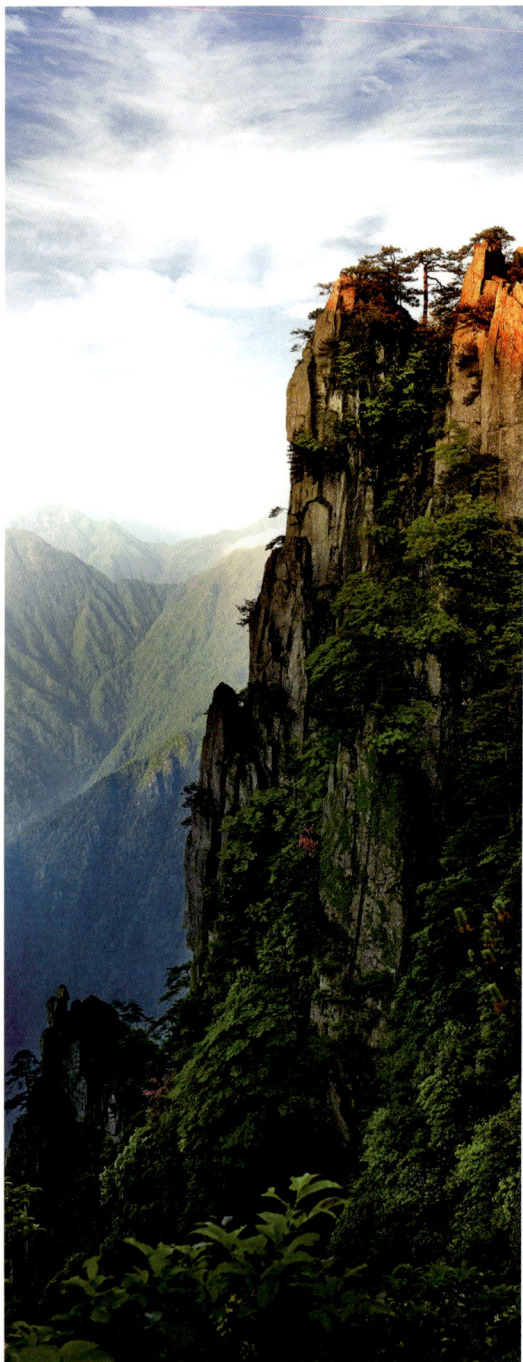

风景这边独好 —— 2024 江西省十大旅游口号

闲步羊狮慕
逍遥云海间

创意说明 ▶

"闲步羊狮慕"突出一个"闲"字,既表示身体之闲适,亦表示心之悠闲。羊狮慕是一座不用爬的山,江西单线最长的索道直达山顶,平坦的凌云栈道蜿蜒于崖壁之上,闲庭信步之间,绝美风光已全部映入眼中。

"逍遥云海间"则突出"逍遥"二字,庄子撰《逍遥游》,认为"逍遥"是人与自然在最大程度的和谐交融后所达到的内在的精神自由与超越。而羊狮慕四季云海常现,闲步其中,如入仙境,更能感受到天人合一的逍遥境界。总之,口号整体营造了一种闲适悠然的氛围,能够引发广大游客对羊狮慕的向往之情。

羊狮慕 YANGSHIMU

情况介绍

羊狮慕风景区位于江西省吉安市安福县境内，是国家 4A 级旅游景区、国家森林公园、国家地质公园、国家自然遗产地和国家级风景名胜区。因景区长年云雾蒸腾，常现"羊""狮"追逐嬉戏于山间的神奇气象景观，令人思慕，故得"羊狮慕"之名。

景区以千姿百态、巍峨壮观的花岗岩峰林地貌为主，以奇峰怪石、流泉飞瀑、山花争妍、云海幻境、雾凇飞雪等景观为主要特色，还有罕见奇观"佛光"。景区内著名的两"峰"、五"福"等象形石奇观令人叹为观止，同时与中国传统的福文化不谋而合，处处彰显人们对"福"的追求，因此，羊狮慕又有"中国福山"之美誉。为了更好地继承与发扬羊狮慕的传统福文化，景区每年都会举办拜山祈福节，邀请全国各地的游客朋友来拜福山、祈福愿。现如今，拜山祈福节已成为羊狮慕广受赞誉的一张重要文化名片。

羊狮慕之美，美在神峰。大自然这位艺术家在羊狮慕挥墨写意，

闲步羊狮慕　逍遥云海间

④

造就了羊狮慕景区的五大奇峰：石云峰、日月峰、鸿鹄峰、宝刀峰、雄狮峰。在这五大奇峰中，石云峰被称为洪福峰，集五福之大成；鸿鹄峰因"鹄"在当地方言中的发音和"福"相似，又被称为福峰；日月峰因日月同辉之意，又被称为万寿峰。

　　羊狮慕之美，美在奇石。羊狮慕景区的山体厚重稳固，山上遍布各种石林奇观，是大自然的神奇造就了这些奇石、怪石。在这些奇石当中，最具代表性的要数七大奇石：宰相石、关公石、神龟石、金鸡石、蟠桃石、玉板石、十八排。其中十八排、玉板石、宰相石分别又被称为官帽石、官位石、

❶ 日月峰

❷ 羊狮慕栈道

❸ 羊狮慕"佛光"

❹ 十八排

❺ 春起云涌

羊狮慕因其独有的日照时间和地理位置，可以在穿云石笋、夫妻峰等地见到世间难得一见的"佛光"。实际上，"佛光"是一种光的自然现象，是阳光照在云雾表面产生衍射作用而形成的。"佛光"每月均有出现，夏季和初冬早晨出现的次数最多。

首官石，寓意五福之"禄"；神龟石、蟠桃石又称万寿石，寓意五福之"寿"；金鸡石又称报喜石，寓意五福之"喜"；关公石又称集财石，寓意五福之"财"。

羊狮慕之美，美在瀑布。在羊狮慕景区的金牌山河谷中分布着大大小小数十条瀑布，其中雪花岩瀑布落差最大，高达138米，也是羊狮慕名气最大的瀑布。明代安福籍理学家邹守益曾有诗句"瀑布九天来，四壁如削铁。溅注云气腥，阴风耸毛发"，赞叹的就是雪花岩瀑布的磅礴气势。

羊狮慕之美，美在云海。羊狮慕地处亚热带季风气候区内，气候温和，雨量充沛，因此景区一年四季常有云海出现。云海来时，山峰之间时而大江合龙，波涛汹涌、惊涛拍岸，时而云雾蒸腾，如梦如幻；站在景区的流云台上俯瞰四周，千山万谷如同被团团白云围裹淹没，无边无际，如同大海。

❺

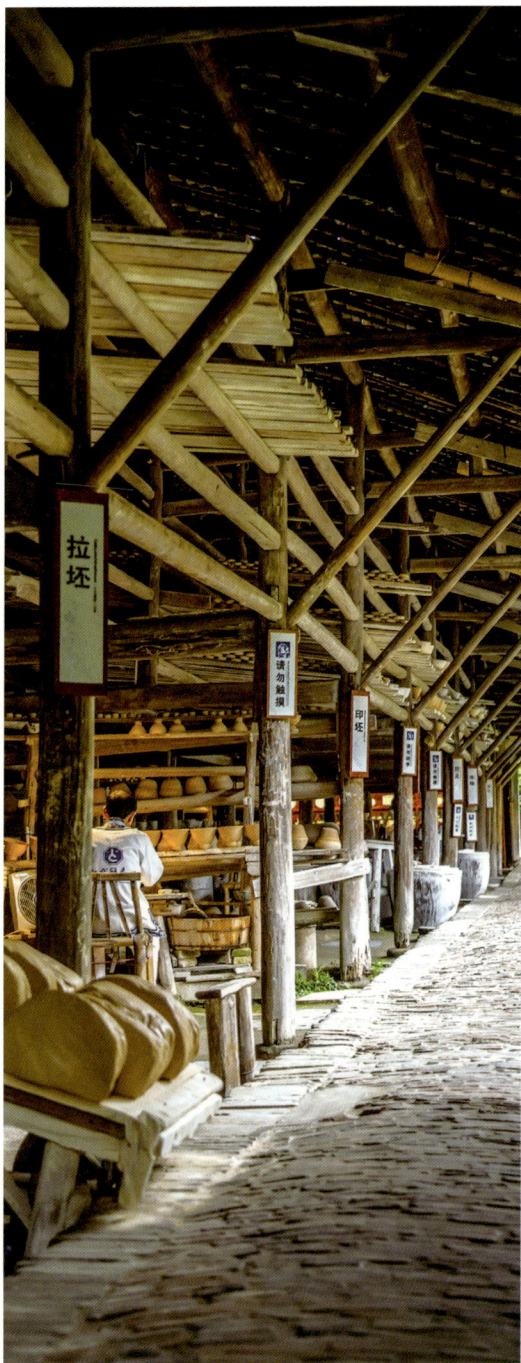

窑望元明清
陶醉景德镇

创意说明 ▶

景德镇古窑民俗博览区拥有世界上最古老的制瓷生产作业线,如元代馒头窑、明代葫芦窑、清代镇窑等。站在景德镇古窑民俗博览区中,你能够遥望到元、明、清等朝代的古窑,而"遥"与"窑"谐音双关,故口号的上半句为"窑望元明清"。

景德镇古窑民俗博览区有各种各样、各朝各代的陶瓷,是陶瓷的海洋,而且名胜古迹众多,自然风光秀丽,能使全天下的游客陶醉。"陶"有两层意思,一层代表陶瓷,另一层代表让人陶醉的景色,故口号的下半句为"陶醉景德镇"。

景德镇古窑民俗博览区
JINGDEZHEN GUYAO MINSU BOLANQU

情况介绍

❷

景德镇古窑民俗博览区是全国唯一一家以陶瓷文化为主题的国家 5A 级旅游景区，曾被评为全国旅游标准化示范景区、国家文化产业示范基地、国家级非物质文化遗产生产性保护示范基地等，是景德镇陶瓷文化旅游首选景区之一。景区内有全国重点文物保护单位镇窑（荣获"世界上最大的柴烧瓷窑"吉尼斯世界纪录）和明园，并保留传承着作为国家级非物质文化遗产项目的景德镇手工制瓷技艺和景德镇传统瓷窑作坊营造技艺。

景区共包括四大游览展示区，分别为历代瓷窑展示区、陶瓷民俗展示区、瓷生一日艺术休闲区和古窑印象文化商业旅游综合体。

历代瓷窑展示区有古代制瓷作坊和世界上最古老的手工制瓷生产作业线，还有宋代龙窑、元代馒头窑、明代葫芦窑、清代镇窑、清代狮子窑、明清御厂"六式窑"、红店、唐英纪念馆、风火仙师庙、致美轩陶瓷陈列馆、瓷品生活馆等景点，在这里我们可以深入地了解景

窑望元明清　陶醉景德镇

❹

德镇的制瓷工艺。

　　陶瓷民俗展示区包含明清古建筑群、陶瓷民俗陈列、祖师庙、天后宫、金瓷工坊、瓷碑长廊、瓷音水榭、瓷乐演奏等景点和表演。

　　瓷生一日艺术休闲区有故宫"紫禁书院"、窑神童宾大型青铜像广场、古窑故事、昌南问瓷、三闾庙码头、耕且陶焉、前瓷今生、木瓷前缘、哇陶 DIY（自己动手制作）体验馆、古窑咖啡等景点及商业。

　　古窑印象文化商业旅游综合体共有四层，可谓瓷都聚落和珍宝殿堂。综合体的 C 层为多功能会议厅、艺术展厅和

❶ 陶瓷制作——拉坯
❷ 古窑老艺人
❸ 古窑民俗博览区外景
❹ 非遗传承人拉坯技艺展示
❺ 窑神童宾

镇窑因其窑体酷似鸭蛋而得其别名"蛋形窑"，又因其主要燃料为松木而被称为"柴窑"，是全国重点文物保护单位。镇窑始建于清代康熙初年，现已退出历史舞台，但其创制为景德镇清代瓷业的发展奠定了物质基础。

茶叙厅，一层为陶瓷文创展厅和艺术休闲区，二层和三层为"窑窑领鲜"瓷文化餐厅。整个综合体是集购物、休闲、展陈、文教、餐饮、文化传播为一体的大型旅游服务综合体。

来到景德镇古窑民俗博览区，你可以看非遗工坊，观手工制瓷，访历代瓷窑，祭窑神童宾，赏柴烧瓷器，学陶瓷文化，听奇瓷神韵，品古窑咖啡，逛古窑印象。乐古窑，爱china（瓷器）。在这里，你可以品味文化盛宴，开启探索"千年瓷都"的陶瓷文化之旅！

5

风景这边独好 —— 2024 江西省十大旅游口号

梯云村落
晒秋人家

创意说明 ▶

"梯云村落，晒秋人家"这一口号文辞优美简练，主题鲜明，意境高雅，诗意盎然，充分展现了婺源篁岭景区独具特色与魅力的山居村落风貌和"晒秋"农俗景观，准确反映出了婺源篁岭景区的自然风貌、典型特征以及人文精髓等丰富的文旅资源，突出了婺源篁岭景观的独特性和优越性。口号紧扣婺源篁岭的旅游定位和文旅资源特色，具有准确的表现力、强烈的吸引力和饱满的号召力，符合广大游客的心理期望。

篁岭

HUANGLING

情况介绍

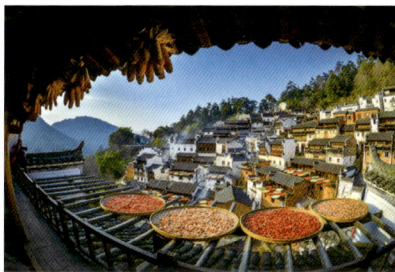

❷

江西婺源是赣东北的一颗绿色明珠，以其自然生态和深厚文化的优势，被海内外誉为"中国最美的乡村"。篁岭位于婺源县东部，是有着约 600 年历史的徽派古村落，也是著名的"晒秋"文化起源地。2023 年，篁岭被联合国世界旅游组织评为"最佳旅游乡村"。受徽文化与独特地形的影响，数百栋徽派民居在山坡上错落排布，形成一个"挂在山崖上的村庄"。也正因为篁岭

"地无三尺平"的奇特地形，这里的村民无意间造就了世界独一无二的"晒秋"民俗景观。

"晒秋"是指当地百姓为晾干当季的农作物以便储藏而衍生出的一种农俗现象。春晒山珍、夏晒果蔬、秋晒粮食、冬晒熏腊，四季晒匾不断，所以又被称为"四季晒秋"。每当日出山头，白墙黛瓦的徽式村落与五彩缤纷的层层晒匾便组成了一幅绝美的"晒秋人家"风情画。2014 年，独特的"晒秋"景观被评为"最美中国符号"之一，篁岭古村也被誉为"世界最美村庄"。篁

风景这边独好 —— 2024 江西省十大旅游口号

梯云村落　晒秋人家

④

岭除了最具代表性的"晒秋"景致，还有声名远扬的阳春三月的油菜花海，篁岭的油菜花梯田也被网友们评为"全球十大最美梯田"之一。如今，篁岭在已成功塑造的"篁岭晒秋""梯田花海"等乡村旅游项目的基础上，不断挖掘乡俗、乡景、乡味、乡宿内涵，再造"中国乡愁体验地"乡村旅游 IP（知识产权），以 580 余年的历史古村为基底，还原了乡愁记忆。板凳龙灯、徽州婚俗、甲路抬阁等民俗活动，村姑拦门酒、社员大会等特色演艺，以及打麻糍、炒米糖等民俗互动体验，打造出了一场沉浸式的乡愁盛宴，让游客在篁岭体验到当地的民俗风情。

　　春赏梯田花海，夏玩奇妙夜游，秋观"晒秋"红叶，冬

❶ 俯瞰篁岭
❷ "晒秋"景观
❸ 篁岭风光
❹ 油菜花海
❺ 龙灯巡游

晒秋

由于篁岭地处山区，地形崎岖，平地极少，因此村民们将屋顶和木架当成了晾晒农作物的主要场地，形成了独特的"晒秋"景观。此外，木架与屋顶的高低对比，以及篁岭全村房屋在落差近百米的山坡上的错落排布，使篁岭"晒秋"更具层次感和美感。

品年味民俗！春季漫山遍野的万亩花海搭配独具特色的徽派建筑，每年都会吸引近百万游客来这里踏春赏花，而在油菜花花期结束后，樱花长廊、杜鹃花园、鲜花古村等又将陆续绚丽呈现。夏季的篁岭开启清凉避暑的趣游模式，富有江南水乡魅力的花溪水街，流光溢彩的古村夜游、魔幻森林，火遍全网的龙灯巡游，带给游客丰富有趣的夏季避暑体验。秋季，游客的目光都聚焦到古镇本身，"晒秋"人家赏红枫便是最经典的画面，柿子、银杏、红枫等最美秋色也会在篁岭——上线，篁岭届时将成为国内知名的热门赏秋地。而在冬季，篁岭将开展"民俗文化季"民俗活动，让游客在篁岭充分感受到婺源的风土人情。

❺

　　梯云村落　晒秋人家

景秀古今
瓷名天下

创意说明 ▶

"景秀古今"体现了景德镇既有悠久灿烂的历史文化景观，又有秀美的现代风貌，它在岁月长河中不断展现着独特魅力。

"瓷名天下"突出了景德镇作为"瓷都"的崇高地位，其精美的瓷器闻名遐迩，是中国瓷器的代表和骄傲。

整句口号完美诠释了景德镇的独特之处，全面展示了景德镇在历史文化传承与瓷器艺术方面的卓越成就，能让人们直观感受到这座城市的底蕴与特色，激发人们对景德镇的浓厚兴趣和向往之情。

景德镇 JINGDEZHEN

情况介绍

❷

景德镇位于江西省东北部，是享誉世界的"千年瓷都"，曾获全国文明城市、国家卫生城市、国家生态文明建设示范市等称号。

景德镇历史底蕴深厚，于东晋时期设镇，始称昌南，汉代易名为新平，唐代更名为浮梁，宋真宗赵恒于景德元年（公元 1004 年）以其年号赐名"景德镇"。英文中的"china"一词就是"昌南"的音译，意为瓷器。景德镇有 2000 余年的冶陶史、1000 余年的官窑史和 600 余年的御窑史，"三面青山一面水，一城瓷器半城窑"创造了"工匠八方来，器成天下走"的繁荣景象。景德镇拥有包括御窑厂、高岭古矿、湖田窑在内的瓷业遗址约 160 处，御窑厂遗址还被列入《中国世界文化遗产预备名单》。

景德镇国际影响广泛，是世界陶瓷圣地。英国李约瑟博士在《中国科技史》中称"景德镇是全世界最早的工业城市"。美国历史学家罗伯特·芬雷在《青花瓷故事》一

铂骊酒店

❹

书中提出："第一次全球化来自 16 世纪的景德镇青花瓷。"
日本陶瓷学家三上次男在《陶瓷之路》一书中，把"海上丝
绸之路"称为"陶瓷之路"。宋代以来，有"白色金子"美
誉的景德镇瓷器远销亚欧非 50 余个国家。景德镇还曾荣膺
"世界手工艺与民间艺术之都"的称号，这里集聚了 3 万余
名"景漂"和 5 千余名"洋景漂"，他们怀着对中国陶瓷文
化的向往，在景德镇发挥创意、积极创业，从而进一步发扬
了中国陶瓷文化。

　　景德镇有良好的自然生态条件和丰富的旅游资源，境内
丘陵绵延，水系纵横，森林覆盖率稳定在 67% 以上，为旅

❶ "瓷都"一景
❷ 御窑博物馆
❸ "瓷都"地标建筑
❹ 御窑厂
❺ 瑶里古镇

御窑厂是明、清两代专造宫廷用瓷的皇家窑厂，是我国烧造时间最长、规模最大、工艺最精湛的官办瓷厂。如今的御窑厂遗址是明御厂遗址留下的唯一地面遗物，该遗址地下遗存极为丰富，已出土元代和明代的各类瓷器，对研究我国陶瓷发展史有着极为重要的意义。

游业奠定了基础。这里拥有国家 5A 级旅游景区景德镇古窑民俗博览区，以及陶阳里历史文化旅游区、陶溪川文创街区、瑶里景区、浮梁古县衙等国家 4A 级旅游景区，曾被评为"中国文旅融合创新发展示范城市"和"最美中国文化旅游城市"，是国家全域旅游示范区之一。此外，"夜珠山"消费带和陶阳里御窑还入选了国家级夜间文化和旅游消费集聚区。

❺

主要媒体报道

"2024江西十大旅游口号"评选颁奖活动圆满落幕

中新网江西 2024-05-17 20:53:10 　　18.1万

江西新闻 　　请输入关键字

江西新闻 > 文化 > 2024江西省十大旅游口号揭晓

2024江西省十大旅游口号揭晓

2024-05-17 17:08:43 　阅读:117349 　来源:江西日报

"2024江西十大旅游口号"评选颁奖活动圆满落幕

地方平台发布内容

江西学习平台
2024-05-18 　　　　　　　　　　　　订阅

"2024江西十大旅游口号"评选颁奖活动圆满落幕

强国号发布内容

南昌广播电视台
2024-05-19 　　　　　　　　　　　　订阅

2024江西省十大旅游口号揭晓!

大江网 2024-05-20 12:27 江西

2024江西省十大旅游口号揭晓!

江西日报 2024-05-20 11:32 江西

"2024江西十大旅游口号"评选颁奖活动圆满落幕

中新网江西 2024-05-17 20:53:10　　18.1万

　　为了进一步推广江西文旅，挖掘和展现江西的文化魅力，提升各地文旅品牌的辨识度和知名度，推动各市、县和景区景点创新旅游宣传。由江西省文化和旅游研究推广协会和江西日报社联合主办的"江西风景独好·国宝李渡杯2024江西十大旅游口号"评选活动历时4个月的征稿，最终产生"2024江西十大旅游口号"和10个提名奖。5月17日，评选活动颁奖仪式在江西科技师范大学红角洲校区隆重举行。江西省文化和旅游研究推广协会会长朱虹出席并致辞。

　　朱虹对本次活动的成功举办表示热烈祝贺，并强调了旅游口号在旅游宣传推广中的重要作用。他指出，旅游口号是旅游目的地形象的生动写照，是吸引游客、传播旅游文化的重要载体。本次评选出的十大旅游宣传口号，不仅凝聚了创作者们的智慧和心血，也体现了江西旅游资源的独特魅力和文化内涵。这些口号的诞生，将进一步推动江西旅游业的发展，提升江西旅游品牌的知名度和美誉度。

　　裴鸿卫、智峰分别代表江西科技师范大学、江西日报社致辞，并对评选活动的成功举办和获奖单位及个人表示祝贺。

　　评选活动在颁奖环节达到高潮。"2024江西十大旅游口号"及提名奖——揭晓。

2024江西十大旅游口号

长征起点，初心之源

浮梁买茶去，古城寻梦来

千年豫章郡，天下英雄城

悠然庐山，自在九江

白云深处，靖安人家

梦里老家，乡愁婺源

重上井冈山，今朝更好看

走过千年，依然奉新

云中草原，户外天堂

红色故都，江南宋城

2024江西十大旅游口号提名奖

梦里江南，诗画庐陵

江湖两色，石钟千年

鄱阳美如画，一湖藏天下

一眼万年，醉美稻源

道教祖庭，人间仙境

人信物丰，橙迎天下

闲步羊狮慕，逍遥云海间

窑望元明清，陶醉景德镇

梯云村落，晒秋人家

景秀古今，瓷名天下

责任编辑：徐梦文

2024 江西省
十大旅游口号 揭晓

5月17日

由江西省文化和旅游研究推广协会

与江西日报社联合主办的

2024"江西省十大旅游口号"颁奖仪式

现场公布了2024江西省十大旅游口号

主办方为获奖单位颁奖

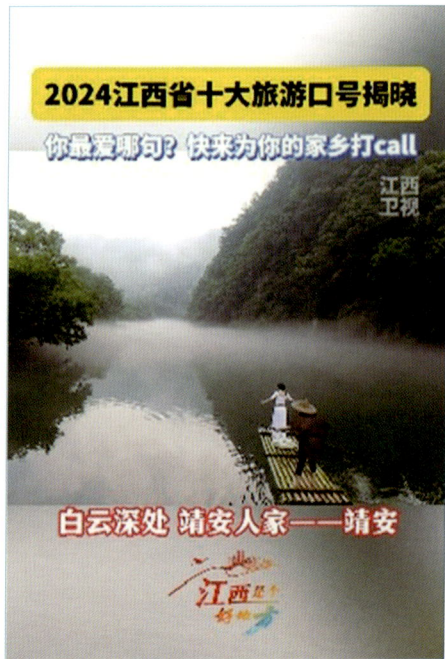

2024江西省十大旅游口号揭晓

你最爱哪句？快来为你的家乡打call

江西
卫视

白云深处 靖安人家——靖安

　　本次活动受到江西日报、江西电视台、南昌电视台等省内外近200家媒体争相报道。

后记

　　随着"2024江西省十大旅游口号"评选活动的圆满落幕，我们欣喜地将这份承载着创意与热情的成果呈现给读者。此次活动不仅是一次对江西丰富旅游资源的深度挖掘，更是一场全民参与的文化盛宴。在众多投稿中，我们精选出了十大旅游口号和十大提名口号，它们不仅凝练了江西的独特魅力，也展现了广大参与者对江西这片红土地的深厚情感。

　　"江西风景独好·国宝李渡杯"2024江西省十大旅游口号评选活动由江西省文化和旅游研究推广协会和江西日报社联合主办，得到了江西科技师范大学、南昌师范学院、江西电视台、江西省旅游集团、江西李渡酒业有限公司和江西省旅游摄影协会的鼎力支持。在口号评选过程中，池红、宋雷鸣、汪玉奇、汪天行、梁勇、王金平、王东林、李滇敏、罗翠兰等文化旅游领域的专家参与了口号的初评和决选环节，汪玉奇、汪天行、梁勇、王金平、王东林五位专家为十大旅游口号撰写了颁奖词。《风景这边

独好——2024 江西省十大旅游口号》一书的出版工作由
百花洲文艺出版社完成。在此,向上述单位和有关专家表
示诚挚的感谢。是你们的共同努力,让江西的风景更加独
好,也让这本书充满了生命与活力。

我们相信,《风景这边独好——2024 江西省十大旅
游口号》不仅是一本获奖口号集锦,更是对江西这片土地
旅行之美以及文化底蕴的一次深刻思考和独特表达。这本
书通过精练而富有创意的口号,展现了江西丰富多彩的旅
游资源与独特的文化魅力,为江西文旅事业的发展注入了
新的活力。愿这本书能够成为一扇窗,让读者在品味这些
口号的同时,带领更多的人走进江西,感受这片红色、绿
色、古色土地上的美丽与奇迹。

江西省文化和旅游研究推广协会

2024 年 7 月